Alexander Wynands
Ursula Wynands

Elektronische Taschenrechner in der Schule

Ein Arbeits- und Aufgabenbuch
für Lehrer und Schüler

Vieweg

CIP-Kurztitelaufnahme der Deutschen Bibliothek

Wynands, Alexander
Elektronische Taschenrechner in der Schule: e. Arbeits-
u. Aufgabenbuch für Lehrer u. Schüler / Alexander
Wynands; Ursula Wynands. – 1. Aufl. – Braunschweig:
Vieweg, 1978.
   ISBN 3-528-04087-4
NE: Wynands, Ursula:

1978

Satz: Vieweg, Wiesbaden
Druck: fotokop, Darmstadt
Buchbinderische Verarbeitung: Junghans, Darmstadt
Umschlaggestaltung: Peter Morys, Wolfenbüttel
Printed in West-Germany

ISBN 3 528 04087 4

Vorwort

Nach einer (von uns im Herbst 1976 durchgeführten) Schülerbefragung verfügten ca. 70 % aller Schüler der Klassen 5 bis 10 (Sekundarstufe I) über einen elektronischen Taschenrechner (ETR). In der parallel durchgeführten Lehrerbefragung hielten mehr als 80 % aller befragten Lehrer den Einsatz von ETR ab Klasse 8 für sinnvoll, weil sie im ETR ein Hilfsmittel zum ökonomischen Rechnen sahen. Gleichzeitig wünschte man Informationen zum fachdidaktisch begründeten und methodisch sinnvollen Einsatz des ETR in der Schule.

Dieses Buch richtet sich daher in erster Linie an den Lehrer, der einerseits über den ständig wachsenden, häufig unkontrollierten Einfluß des ETR im Unterricht Mißbehagen empfindet, dem andererseits aber Arbeitsmaterialien und -methoden zur Effektivierung des Unterrichts durch ETR fehlen. Zudem wird hier allen aktiven und zukünftigen Lehrern Gelegenheit geboten, ihr Fachwissen zum Thema „Sachrechnen im Unterricht" aufzufrischen oder zu erweitern (vgl. die Abschnitte ab 2.8). Von daher ist das Buch auch als Grundlage entsprechender Veranstaltungen im Lehrerstudium zu benutzen.

Der erste Teil befaßt sich mit der Frage:

Was leistet der ETR bei der Erarbeitung von mathematischen Begriffen, Funktionen, Gesetzen, Regeln?

Der zweite Teil soll zeigen, daß der ETR als ökonomisches Rechenhilfsmittel dem Schüler den Zugang erleichtert zum umweltbezogenen Sachrechnen, zum Erstellen und Interpretieren von Tabellen, Graphiken und Formeln und damit zur Mathematisierung und Lösung von Problemen seiner Umwelt.

Die Abschnitte enthalten, je nach Gegenstand gewichtet:

1. Eine Zielsetzung mit Hinweisen zum methodischen Einsatz des ETR,

2. Beispiele zur Einführung von Begriffen und Rechenverfahren,

3. Merkregeln, Formeln, Rechenablaufpläne (RAP),

4. Eine breite Aufgabensammlung,

5. Lösungen oder Lösungshinweise ausgewählter Aufgaben unmittelbar hinter der Aufgabenstellung. Diese sind durch (L) gekennzeichnet.

Besonders wegen der Vielzahl der Aufgaben aus dem Unterricht der Klassen 7—11 ist dieses Buch neben dem „normalen" Schulbuch als *Schülerarbeitsbuch* punktuell vom Lehrer einsetzbar. Es sollen hier u.a. Antworten aufgezeigt werden zu den Fragen:

a) Was sollen Lehrer und Schüler über ETR wissen?

b) Was sollen Lehrer und Schüler mit ETR anfangen?

Alexander und *Ursula Wynands*

Aachen, im Herbst 1977

Inhaltsverzeichnis

0.1 Vorbemerkungen

Diskussionen zum „Pro und Contra Taschenrechner im Unterricht" scheinen wegen der Tatsache, daß Elektronische Taschenrechner (ETR) von Schülern und vielen Lehrern begehrt sind und de facto (auch bei Hausaufgaben) benutzt werden (laut Umfrage 1976 von ca. 40 %) weitgehend mäßig zu sein. Die nun anstehende wesentliche Frage nach dem kontrollierten, fachdidaktisch begründeten und methodisch sinnvollen Einsatz des ETR soll hier behandelt werden. Dabei geht es nicht um eine vollständige Auflistung von Lernzielen, sondern um das Aufzeigen von Lerninhalten an Hand umfangreicher Beispiel-Aufgaben, aus denen die enthaltenen Lernziele (vom Lehrer) ablesbar sind.

Folgende Punkte sind als Vorbemerkung wesentlich:

1. Die Beispiele und Aufgaben der Abschnitte 1.1 bis 1.9 und 2.1 bis 2.7 beziehen sich vorwiegend auf den Unterricht (ab Klasse 5) der Sekundarstufe I mit Schwergewicht Haupt- und Realschule (Klasse 7 bis 10).

2. Unter ETR verstehen wir hier *nicht* den *programmierbaren* Elektronischen Taschenrechner (PTR).

3. Das Argument „Durch ETR verliert man die Kopf-Rechenfertigkeit" ist ernst zu nehmen. Daher sollte man in der Schule
   a) (wieder) vermehrt *Kopfrechen Konzentrations-Übungen* zum Beginn einer Unterrichtsstunde pflegen und
   b) z.B. durch „Wettkämpfe: Kopfrechner gegen ETR" dem Schüler demonstrieren, daß häufig Kopfrechnen schneller und ökonomisch ist.

4. Es muß den Schülern gezeigt werden, daß der ETR eine von Menschen gemachte Maschine (black box) ist, die nur genau seine Anweisungen ausführt. Dabei wird wie durch das Aufzeigen von Fehlern und Grenzen des ETR eine bedrohliche „Computer-Gläubigkeit" verhindert.

5. Der Einsatz des ETR wirkt besonders am Anfang für den Schüler motivierend, weil er durch ein modernes (oder modisches) Hilfsmittel viele Berechnungen (Mathematik?) spielerisch erledigen kann. Dabei sollte man als Lehrer bedenken:
   a) Jeder motivierende Zugang zur Mathematik ist zu begrüßen, aber
   b) Rechnen gehört zur Mathematik, ist jedoch nicht identisch damit.
   c) Andererseits erleichtert der ETR den Umgang mit Zahlen, liefert schnell eine Fülle von Informationen und gibt damit die Möglichkeit, ein „Gefühl" für funktionale Zusammenhänge zu entwickeln. Anders ausgedrückt:
   d) der ETR liefert für viele Begriffe, Regeln, Gesetze und Algorithmen (Rechenverfahren) einen empirischen Zugang durch handelndes, aktives Lernen.

6. Die Beispiele und Aufgaben dieses Buches sind zum größten Teil mit *einfachen* ETR auszuführen (Funktionstasten: $+$ $-$ $\times$ $\div$ $1/x$ $\sqrt{}$ $+/-$ Speicher)
   Eine Vielzahl von ETR-Typen in einer Schulklasse kann beim Versuch einer *einheitlichen* Arbeitsanweisung (Rechenablaufplan) störend sein. Sie kann aber auch interessante Fragestellungen z.B. zur Rechenlogik, Rechengenauigkeit, Datenanzeige und zu neuen Funktionen ($\sin$, y^x usw.) motivieren.

7. Viele Teilgebiete dieses Buches (z.B. Genauigkeit, Fehler, Prozent- und Zinsrechnung, Wachstumsprozesse) sind von den Autoren in *Hauptschulen* (seit 1973) erprobt worden.

0.2 Auswahlkriterien für ETR

Bei der Vielzahl von ETR-Typen, die seit 1971/1972 für „jedermann" entwickelt wurden und sich explosionsartig verbreiteten, kann man sicherlich nicht *den* besten ETR benennen. Wir wollen hier jedoch versuchen, einige typische Unterschiede von ETR und Kriterien zu nennen, die Sie beim Kauf eines ETR beachten sollten.

Entscheiden Sie zunächst, wozu Sie den ETR brauchen wollen. Für spezielle Einsatzgebiete gibt es heute ein breites Angebot von ETR mit vielen Sonderfunktionen (z.B. aus Wirtschaftsmathematik, Statistik), worauf wir hier nicht eingehen. Gehen Sie von folgenden Faustregeln aus:

a) In den meisten Fällen ist schon ein „einfacher" ETR ausreichend.

b) Die Preise teurer ETR (1977 mehr als DM 50,—) werden stärker fallen als die Preise von billigen ETR.

Unsere Erfahrung mit ETR im Unterricht (der Hauptschule) zeigen, daß der schülereigene ETR in der Sekundarstufe I wünschenswert ist. Für Ausfälle dieser ETR, z.B. bei Klassenarbeiten, sollten entsprechende schuleigene Geräte zur Verfügung stehen (die in einem verschließbaren „Ladekoffer" sinnvoll aufzubewahren sind).

Nun zu den Auswahlkriterien. Sehen wir zunächst auf das Äußere und dann auf das Innere des ETR:

1. Tastatur

Wir geben einige Merkmale und (unsere) Wertung an. Es bedeutet:

** notwendig   * sehr empfehlenswert

Merkmal	farbige Tasten-blöcke	Zeichen *auf* den Tasten	Druckpunkt-tasten	Prellfreie Tasten	Doppel-belegung	Größe und Form (quadratisch-rund, hohl, gewölbt)
Wertung	*	*	*	**	nicht bei einfachen ETR	

Anmerkungen: Bei den Druckpunkt-Tasten spürt man einen Gegendruck beim Eintippen; es macht „klick" (click keys), wenn man die Taste „richtig" betätigt.

Testen Sie den ETR auf Prellfreiheit der Tasten: Einschalten (On), alle (Ziffern-)Tasten mal kurz, mal lange runterdrücken, Tasten auch schief oder „kantig" drücken. Erscheint in der Anzeige genau das, was Sie eingeben oder erscheinen z.B. plötzlich drei Fünfen, obwohl Sie nur einmal die Taste $\boxed{5}$ betätigen?

Eine Doppelbelegung der Tasten (z.B. *eine* Taste für $\boxed{x^2}$ und $\boxed{\sqrt{x}}$) ist nach unserer Erfahrung auch in der Hauptschule zulässig. Sie erfordert zwar mehr Konzentration bei der Bedienung (z.B. Aufruf der Wurzelfunktion durch $\boxed{F}$ $\boxed{\sqrt{x}}$ oder $\boxed{2nd}$ $\boxed{\sqrt{x}}$) reduziert aber die Anzahl der Tasten.

2. Anzeige

Schalten Sie den ETR ein (z.B. $\boxed{ON}$ $\boxed{EIN}$ $\boxed{\rightarrow 1}$) und tippen nacheinander die Ziffern 0,0,1,2,...9,0,0,0 und (wenn vorhanden) auf die Taste $\boxed{+/-}$. *Was* erscheint *wie* im *Anzeigefeld,* in dem der Inhalt des *Anzeigeregisters* angezeigt wird? Es sollten die unwesentlichen ersten Nullen unterdrückt werden und von *rechts* nach *links* die weiteren Ziffern wandern:

Eingabe	Anzeige	Folgerung
0 dann 0 dann 1 ... dann 4	$\boxed{1234}$	Nullenunterdrückung
1 dann 2 dann ... 8 dann 9	$\boxed{12345678}$	8- (bzw. 10-) stellige Anzeige
1 dann 2 dann ... dann 9, $\boxed{+/-}$	$\boxed{-12345678}$	mit Vorzeichen und Nullen-unterdrückung
0 dann 1 dann ... 9 dann 0,0, $\boxed{+/-}$	$\boxed{-1234567890}$	

Geben Sie die Zahl 123,4567 ein. Im (mind.) 8-stelligen Anzeigefeld mit *Fließkomma* (-Arithmetik) erscheint $\boxed{123.4567}$. Der Dezimal*punkt* (statt Komma ",") erscheint an der gewünschten Stelle. Bei *Festkomma* (-Arithmetik) erscheint immer eine gleiche Anzahl (der zuletzt eingegebenen Ziffern) hinter dem Punkt (Komma).

Viele ETR verfügen über eine *Exponentialanzeige* ($\boxed{EE}$-Taste).

Beispiele:

Aufgabe	Ergebnisanzeige	Folgerung
2 000 · 3 000	6 000 000	⎫ z.B. 8-stellige Anzeige
2 000 · 30 000	60 000 000	⎭
20 000 · 30 000	600 000 000 oder: 6.∪08 ↑ (,,Leerstelle")	6.08 bedeutet $\underbrace{6\,00\,000\,000} = 6 \cdot 10^8$ 8 Nullen
1200 000 · 300 000	3.6∪11	$3.6∪11 = 3{,}6 \cdot 10^{11}$
−1 200 000 · 300 000	−3.6∪11	$-3.6∪11 = -3{,}6 \cdot 10^{11}$
0,000 002 · 0,0003	6.−10	$6.-10 = 6 \cdot 10^{-10}$

Mit dieser exponentiellen Zahldarstellung (oder ,,scientific notation") erfaßt man ,,sehr große" und ,,sehr kleine" (positive) Zahlen (z.B. $9.9999999 \cdot 10^{99}$ bis $1 \cdot 10^{-99}$).

Weitere Auswahlkriterien für ETR stehen in Zusammenhang mit der *Farbe* des Anzeigefeldes:

Anzeige Farbe	Art	Energie-verbrauch	Empfind-lichkeit (Stoß, Fallen)	Ablesemöglichkeit Leuchtstärke	Ziffern-größe	Beleuchtungs-abhängigkeit
rot	Leucht-dioden	groß	gering	gut ⎫ selbst-leuch-tend	klein ⎫	je heller die Umgebung,
grün (oder blau)	Digitron Anzeige	gering	groß	gut ⎭	groß ⎭	umso schlechter ablesbar
grau (farb-los)	Flüssig-Kristalle	sehr klein	mittel	nicht *selbst-*leuchtend	groß	nur im Dunkeln nicht lesbar

3. Operationstasten

Für den „Normalverbraucher" reichen ETR mit den *vier Grundrechenarten* $\boxed{+}$, $\boxed{-}$, $\boxed{\times}$, $\boxed{\div}$ und
dem Ergebnisabruf $\boxed{=}$ aus. Der ETR für die Sekundarstufe I sollte zudem über folgende Erweite-
rungen (in der Reihenfolge ihrer Wichtigkeit) verfügen:

1. *Speicher* (Memory z.B. $\boxed{M}$) mit -Rückruf (recall z.B. $\boxed{MR}$),
2. *Wurzeltaste* $\boxed{\sqrt{x}}$ (oder $\boxed{\sqrt{}}$) *Kehrwerttaste* $\boxed{1/x}$,
3. *Vorzeichenwechseltaste* $\boxed{+/-}$ *Speicher- bzw. Registeraustauschtaste* (z.B. $\boxed{x \leftrightarrow y}$ $\boxed{x \leftrightarrow M}$)
   und *Quadrattaste* $\boxed{x^2}$.

Nach diesen Ausstattungen sollten erst die trigonometrischen Funktionen und die Exponentialfunktionen errechenbar sein. Bei den zahlreichen *„Sonderfunktionen"* ist häufig die *Prozenttaste* $\boxed{\%}$
anzutreffen, deren Gebrauch im „Alltag sehr beliebt" ist. In der Schule sollte man jedoch — wenn
man aus „praktischen" Gründen nicht darauf verzichten will — aus fachdidaktischen Gründen viel
mehr zur Berechnung eines Endwertes nach einer Erhöhung von p% des Ausgangswertes a die

Identität $a + a \cdot \frac{P}{100} = a \cdot \left(1 + \frac{P}{100}\right)$ ausnützen, wonach die Berechnung mit der Taste $\boxed{\times}$ genauso

schnell geht wie mit der Taste $\boxed{\%}$ (dabei rechnet man z.B. doch wohl $\left(1 + \frac{13}{100}\right) = 1{,}13$ im Kopf!)

Sinnvoll (vielleicht auch motivierend zum Kennenlernen) scheint uns die Abrufmöglichkeit (mit $\boxed{\pi}$
oder $\boxed{PI}$) eines Näherungswertes von π (≈ 3.141592654), während man auf viele „Umrechnungs-
funktionen", z.B. „Bogenmaß in (Neugrad in) Altgrad" oder gar „Gramm in Kilogramm" für den
Unterricht verzichten kann (oder soll).

4. Korrektur- und Löschtasten

Jeder ETR sollte neben der Gesamtlöschung (z.B. $\boxed{C}$ $\boxed{CLR}$ oder $\boxed{CA}$ für „Clear all") eine
Löschmöglichkeit für die letzte Eingabe oder falsch betätigte Funktionstaste (z.B. $\boxed{CE}$ für „clear
entry") haben. ETR mit Speicher sollten auch diesen *einzeln* löschen können (z.B. $\boxed{CM}$). Letztere
ETR besitzen häufig einen *saldierenden Speicher* (z.B. $\boxed{M+}$ und $\boxed{M-}$), wodurch ein Eingabewert
automatisch zum Speicherinhalt addiert bzw. von diesem subtrahiert werden kann.

5. Rechenlogik

Es gibt (grob klassifiziert) drei unterschiedliche Rechnerlogiken oder „Notationen":

Bezeichnung	zu erkennen an	Beispiel	Tastenfolge
algebraische Logik (AL)	$\boxed{=}$-Taste	$4 + 3 =$	$\boxed{4}$—$\boxed{+}$—$\boxed{3}$—$\boxed{=}$
		$4 \cdot 3 - 2 =$	$\boxed{4}$—$\boxed{\times}$—$\boxed{3}$—$\boxed{-}$—$\boxed{2}$—$\boxed{=}$
arithmetische Logik (ARL)	$\boxed{\pm}$ und $\boxed{=}$	$4 + 3 =$	$\boxed{4}$—$\boxed{\pm}$—$\boxed{3}$—$\boxed{\pm}$
		$4 \cdot 3 - 2 =$	$\boxed{4}$—$\boxed{\times}$—$\boxed{3}$—$\boxed{-}$—$\boxed{2}$—$\boxed{\pm}$
Umgekehrte polnische Notation (UPN)	$\boxed{\uparrow}$ oder $\boxed{ENT}$	$4 + 3 =$	$\boxed{4}$—$\boxed{ENT}$—$\boxed{3}$—$\boxed{+}$
	keine $\boxed{=}$-Taste	$4 \cdot 3 - 2 =$	$\boxed{4}$—$\boxed{ENT}$—$\boxed{3}$—$\boxed{\times}$—$\boxed{2}$—$\boxed{-}$

Die arithmetische Logik scheidet u. a. wegen des leicht verwirrenden doppelsinnigen Gebrauchs der Tasten $\boxed{\pm}$ und $\boxed{=}$ für den Schulgebrauch aus.

Die umgekehrte Polnische Notation (UPN) entspricht nicht unserer Sprech- und Schreibgewohnheit, hat jedoch häufig rechen*technische* Vorteile, z. B.
$2 + 3 \cdot 4$ wird mit UPN berechnet: $\boxed{2}\!-\!\boxed{\text{ENT}}\!-\!\boxed{3}\!-\!\boxed{\text{ENT}}\!-\!\boxed{4}\!-\!\boxed{\times}\!-\!\boxed{+}$. Dagegen muß man bei der algebraischen Logik entweder umformen $(3 \cdot 4 + 2)$ oder den ersten Summand abspeichern (wenn möglich) oder aber vorhandene Klammern nutzen, d. h. $2 + (3 \cdot 4)$.
ETR mit UPN benötigen *keine* $\boxed{=}$-Taste. Sie arbeiten mit Stapel- (oder *stack-*) *Registern,* wodurch man häufig auf Abspeichern oder Klammersetzen verzichten kann. Rechner mit UPN realisieren das „Knüpfermodell" von Operationen (z. B. Multiplikation: statt „2 mal 3" hier „2 3mal" bzw. „von 2 und 3 das Produkt")

Die schuladäquate Logik dürfte (zumindest für die Sekundarstufe I) die algebraische Logik sein, bei der man in der Regel eine Aufgabe von links nach rechts so eintippt, wie man sie liest bzw. aufschreibt. Abweichungen hiervon gibt es z. B. bei $\sqrt{2}$: $\boxed{2}\!-\!\boxed{\sqrt{x}}$ (bei $\sin x$, $\log x$ und x^y).

Man achte jedoch hierbei auf weitere Unterteilung dieser Notation:
ergibt z. B. $\boxed{2}\!-\!\boxed{+}\!-\!\boxed{3}\!-\!\boxed{\times}\!-\!\boxed{4}\!-\!\boxed{=}$ die Zahl 20, so hat der ETR mit AL zunächst $2 + 3 = 5$ gerechnet. Manche ETR beherrschen jedoch die Regel „Punkt- vor Strichrechnung" und liefern das Ergebnis 14. Will man mit einem solchen ETR $(2 + 3) \cdot 4'$ rechnen, so hat man folgende Möglichkeiten:

a) $\boxed{(}\!-\!\boxed{2}\!-\!\boxed{+}\!-\!\boxed{3}\!-\!\boxed{)}\!-\!\boxed{\times}\!-\!\boxed{4}\!-\!\boxed{=}$ bei ETR mit *Klammern,*

b) $\boxed{2}\!-\!\boxed{+}\!-\!\boxed{3}\!-\!\boxed{=}\!-\!\boxed{\times}\!-\!\boxed{4}\!-\!\boxed{=}$.

Es gibt ETR mit **AOS**-Logik (**A**lgebraisches **O**perations-**S**ystem), welche in der *algebraischen Logik mit Klammern* rechnen unter Berücksichtigung der Regel: Zuerst die Funktionen mit einer Variablen (logarithmische und trigonometrische Funktionen), dann die Potenzen y^x (und $\sqrt[x]{y}$) danach „Punkt- vor Strichrechnung". Berechnen Sie zum Testen Ihres ETR z. B.

a) $2 + 3 \cdot 4 = (14)$
b) $(2 + 3) \cdot 4 = (20)$
c) $(2 + 3) \cdot 4 + 5 = (25)$
d) $(2 + 3) \cdot (4 + 5) = (45)$
e) $2 \cdot 3 + 4 \cdot 5 = (26)$
f) $2 \cdot (3 + 4) \cdot 5 = (120)$
g) $2 + 3 \cdot 4 - 2 \cdot \ln (\pi^2) = (9{,}42 \ldots)$

Für die Wahl solcher ETR ist die Frage entscheidend: Will ich mit dem ETR möglichst schnell (ökonomisch) Termwerte *ausrechnen,* oder will ich in Termberechnungen, Termdarstellungen, Termumformungen *einführen?*
Wir beziehen uns in diesem Buch (fast) ausschließlich auf die algebraische Logik (AL).

6. Konstanten, Kurzwegtechnik   *nicht vorhanden* ?

Manche ETR speichern einen Eingabewert zusammen mit einer Operationsanweisung, z.B.:
Die Zahlen 2; 3; 4; 5; usw. sollen mit 3 multipliziert werden:

1. Eingabe: $\boxed{2}$--$\boxed{x}$--$\boxed{3}$--$\boxed{=}$ Ergebnis 6

2. Eingabe: $\boxed{3}$——————$\boxed{=}$ Ergebnis 9

3. Eingabe: $\boxed{4}$——————$\boxed{=}$ Ergebnis 12 usw.

D.h. der ETR arbeitet wie eine „Mal-3-Maschine", bei der die Arbeitsanweisung $\boxed{x \quad 3}$ gespeichert ist (ETR als *Operator-Maschine*).

Liefert Ihr ETR jedoch nach $\boxed{2}$--$\boxed{x}$--$\boxed{3}$--$\boxed{=}$ (6) für $\boxed{4}$--$\boxed{=}$ das Ergebnis 8, so hat er nicht den zweiten, sondern den *ersten* Faktor als Konstante oder Operator gespeichert.

Beachten Sie: ETR mit dieser Konstantenspeicherung oder „Operatoreigenschaft" können bei Kindern eine falsche Identifizierung von Werten bzw. Wertezuordnungen erzeugen; $\boxed{a}$--$\boxed{=}$ ergibt nach Programmierung des ETR als „Mal-n-Operator-Maschine" den Wert n · a. Die Darstellung $\boxed{a}$--$\boxed{=}$, die hiernach vollzogene Handlung (Eintippen) und das angezeigte Ergebnis (n · a) „suggerieren" a = n · a. Bevorzugt man einen ETR mit dieser Eigenschaft, so sollte auf jeden Fall für die Schule ein solcher gewählt werden, bei dem der *zweite* Faktor (oder Summand) gespeichert wird.

Entsprechendes gilt für die „*Kurzwegtechnik*"[1] einiger ETR, z.B.

$\boxed{2}$--$\boxed{x}$--$\boxed{=}$--$\boxed{=}$--$\boxed{=}$--$\boxed{=}$-- ...
          ↑2 ↑4 ↑8 ↑16
      Zwischen-Ergebnisse

oder $\boxed{2}$--$\boxed{+}$--$\boxed{3}$--$\boxed{=}$--$\boxed{=}$--$\boxed{=}$-- ...
           ↑5 ↑8 ↑11

Es ist zu überlegen, ob diese „Arbeitszeit-Verkürzung" mögliche Nachteile rechtfertigt.

Unabhängig von diesen Eigenschaften ist *jeder* ETR als reale, wirklich funktionierende (nicht nur gedachte) Operator-Maschine mit definiertem Ein-Ausgangs-Verhalten zu interpretieren und daher von großem fachdidaktischem und methodischem Wert.

7. Speicher

Jeder ETR hat zwei *Arbeitsspeicher* oder *Arbeitsregister:* Im x-Register (Anzeigeregister) werden zuletzt eingegebene oder berechnete Werte angezeigt. Im y-Register steht i.d.R. der Wert, der als vorletzter eingegeben wurde bzw. mit dem der Wert im x-Register zu verknüpfen ist.

Zum Beispiel: Bei der „Tippfolge" $\boxed{2}$--$\boxed{+}$--$\boxed{3}$ wird beim Eingeben von 3 in das x-Register der vorher dort stehende Wert 2 in das y-Register „geschoben".

---

[1] I. a. versteht man unter *Kurzwegtechnik* eine rechnerinterne Möglichkeit, mehrere Rechenoperationen hintereinander auszuführen, ohne Aufruf von Zwischenergebnissen durch die $\boxed{=}$-Taste.

Beispiel: $\boxed{2}$ $\boxed{X}$ $\boxed{6}$ $\boxed{÷}$ $\boxed{3}$ $\boxed{+}$ $\boxed{4}$ $\boxed{=}$ statt $\boxed{2}$ $\boxed{X}$ $\boxed{6}$ $\boxed{=}$ $\boxed{÷}$ $\boxed{3}$ $\boxed{=}$

$\boxed{+}$ $\boxed{4}$ $\boxed{=}$ für   [(2 · 6) : 3] + 4 = .

(Fast) jeder ETR verfügt heute über Kurzwegtechnik.

Neben den x-y-Registern gibt es die „echten" Speicher zum Aufbewahren von Konstanten oder Zwischenergebnissen. Rechner mit nur einem Speicher erkennt man häufig an der $\boxed{\text{M}}$-Taste. ETR mit mehreren Speichern haben meistens eine $\boxed{\text{STO}}$-Taste (Store). Die *Speicherregister* (Speicher*plätze*) sind durchnumeriert. Zum Rückruf des Speicherinhalts (Memory recall) haben solche ETR statt der $\boxed{\text{MR}}$-Taste eine $\boxed{\text{RCL}}$-Taste.

Beispiel: durch $\boxed{2}$┤$\boxed{\text{STO}}$├$\boxed{3}$┤ wird der Wert 2 in das Speicherregister mit der Nummer 3 geschoben; tasten Sie anschließend $\boxed{4}$┤$\boxed{\times}$├$\boxed{\text{RCL}}$├$\boxed{3}$├$\boxed{=}$, so sollte im x-Register das Ergebnis $(4 \cdot 2 =)$ 8 angezeigt werden (vgl. auch die Punkte 3 und 4).

8. Rechengenauigkeit, Runden

Die Rechengenauigkeit ist umso größer, je größer die Stellenzahl ist. Dabei kann die Anzahl der Stellen, mit denen gerechnet wird, größer sein als die Stellenzahl in der Anzeige!

Zudem hängt die Genauigkeit eines ETR von seinem „inneren" Aufbau ab, d. h. von Rundungsalgorithmen und von fest programmierten Näherungsverfahren (z. B. für $\sqrt{x}$, sin x, log x).

Testen Sie:

a) $2 : 3 =$ ergibt $\begin{cases} . \ 66 \ldots . & \text{ohne Rundung} \\ 0.6666667 & \text{mit „5/4-Rundung"} \end{cases}$

b) Welchen Wert liefert Ihr ETR für $\left(\dfrac{2}{3}\right) \cdot 3$

   (gemäß: $\boxed{2}$┤$\boxed{\div}$├$\boxed{3}$├$\boxed{\times}$├$\boxed{3}$├$\boxed{=}$ vielleicht 1.999 9998)?

c) Welchen Wert erhalten Sie für $(\sqrt{2})^2$ ($\boxed{2}$┤$\boxed{\sqrt{x}}$├$\boxed{x^2}$ ergibt 2 oder 1,9...98)?

Solche „Fehler" *können* Fragen nach ihren Ursachen *motivieren,* sie sind in *vielen Fällen* (z. B. bei Begriffen „inverses Element", „inverse Funktion", bei (Term-) Berechnungen oder Näherungsverfahren) *störend.*

Achten Sie auf die *„Güte" der internen Rechenverfahren* (für Wurzel-, Sinus-, Logarithmus-Funktionen usw.) und auf *Rundungsmöglichkeiten.*

9. Energieversorgung

Die Energieversorgung der ETR erfolgt über eine Gleichspannungsquelle mit einer Spannung (i. a. von 3 V bis 9 V). Diese Spannung liefert das „normale" Stromnetz (mit 220 V) mit nachgeschaltetem *Netzteil, Batterien* oder *Akkus.*

Beachten Sie:

a) *Netzanschluß:* Sie sind vom Ort der Steckdose abhängig; Kabel (Strippen) sind oft störend; diese Energieversorgung ist die billigste.

b) (*nicht* aufladbare) Batterie: ortsunabhängiger ETR-Einsatz, Wegwerfbatterien sind teuer, achten Sie auf den *Stromverbrauch* der bei rotem (Dioden-) Anzeigefeld besonders hoch ist (vgl. Tabelle zu Punkt 2). Es gibt ETR mit Flüssigkeitskristall-Anzeige, die mit einem Batterieeinsatz bis (z. Z.) 3000 Stunden rechnen. Fragen Sie, ob die Batterien *auslaufsicher* und in einem separaten Batteriekasten montiert sind.

c) *Akkus* (aufladbare Batterien): Diese Energieversorgung dürfte (nicht nur) für die Schule die geeignetste sein. Dabei sollte das Akkupaket im ETR eingebaut sein.

Das Aufladen der Akkus sollte bei gleichzeitiger Rechnerbenutzung möglich, ein „Überladen" der Akkus muß ausgeschlossen sein. Für den Schuleinsatz eignen sich *„Ladebänke"* und besonders *Ladekoffer.*

10. Garantie und Kundendienst

Jeder ETR sollte vor dem Kauf (oder bald danach) *eingehend* in allen Einsatzmöglichkeiten *getestet* werden, denn: technische Defekte sind meist direkt nach Fertigstellung des ETR feststellbar (falsche „Verdrahtung" oder „kalte Lötstellen"). Erfragen Sie beim Verkäufer Umtauschmöglichkeiten, Wartezeiten bei Reparaturen und Garantiezeit (i.d.R. mindestens ein Jahr). Wo wird repariert und wer trägt die Versandkosten?

0.3 Empfehlungen und Hinweise

Mit vielen Vorbehalten empfehlen wir für die Klassen 5 bis 9 einen (mindestens) 8-stelligen ETR mit den *Funktionstasten* $\boxed{+}$, $\boxed{-}$, $\boxed{\times}$, $\boxed{\div}$, $\boxed{1/x}$, $\boxed{\sqrt{x}}$, $\boxed{+/-}$, mit *algebraischer Logik* (ETR mit $\boxed{=}$-Taste), mit *Fließkomma*-Arithmetik, mit mindestens einem *Speicher* ($\boxed{M}$, $\boxed{MR}$), mit *Netz- und Akkubetrieb* oder Flüssigkristallanzeige, mit übersichtlich angeordneten, prellfreien Druckpunkttasten.

Erst ab Klasse 10 sind trigonometrische, Potenz- und Exponentialfunktionen vorgesehen (z. B. vorläufige Richtlinien für Gesamtschulen in NRW, Mathematik, Düsseldorf 1977). Andererseits sind ETR mit mehr Funktionen, mit Exponentialdarstellung $\boxed{EE}$, Konstanten, Klammern, Kurzwegtechnik usw. nach unseren (sicherlich bescheidenen) Erfahrungen nicht störend und beeinträchtigen die Chancengleichheit gegenüber Schülern mit o. g. einfachen ETR weit weniger als häufig behauptet wird.

Zum Schluß noch einige Hinweise für die Arbeit mit diesem Buch:

Die Antworten oder Ergebnisse einiger Fragen bzw. Aufgaben hängen von dem ETR ab, den Sie gerade benutzen. Das gilt besonders für die Rechenablaufpläne (RAP). Je besser man mit den Begriffen Konstante, Variable, Term, Termumformung, Funktionsterm und mit Formeln umgehen kann, und je mehr man mit ETR gerechnet hat, umso mehr wird man auf RAP verzichten können. Die RAP sollen gerade eine Hinführung und (symbolische, ikonische) Darstellung hierfür sein. Für den Unterricht ist es zweckmäßig, die in den RAP vorkommenden Symbole einzeln auf Projektionsfolien für den Tageslichtschreiber (Over-Head-Projektor) zu zeichnen und den RAP wie ein Puzzle zusammenzusetzen. Die Rechenablaufpläne mit Variablen stellen (als Ergebnis einer Generalisierung und Formalisierung) das Rechenverfahren, den Lösungsweg oder Algorithmus für eine ganze Aufgabenklasse dar; sie bereiten das Erstellen und Interpretieren von *Programmablaufplänen* (PAP) oder *Flußdiagrammen* vor, sind jedoch im Gegensatz zu diesen „maschinenabhängig".

Einige Aufgaben gehen sicherlich über die „normalen" Leistungsanforderungen der Klassen 5 bis 10 hinaus. Betrachten Sie diese als „Fortbildungs- oder Wiederholungsangebot für den Lehrer" und wählen Sie als Lehrer für Ihre Klasse das Angemessene aus.

1 Grundlagen

Dieser erste Hauptteil dient dem Kennenlernen von Bedeutung, Anwendungsmöglichkeiten und Grenzen der (Funktions-)Tasten eines ETR. Die speziellen fachinhaltlichen Intentionen der einzelnen Abschnitte werden in den *Zielsetzungen* kurz skizziert.

1.1. Addition

Zielsetzung: *Richtiges Eingeben (Eintippen) von Ziffernfolgen; Tasten* $\boxed{+}$ $\boxed{=}$ $\boxed{\cdot}$ $\boxed{+/-}$; *Begriffe: Konstante, Variable, Belegung, Term. Das Anzeigeregister des ETR ist eine augenfällige „Leerstelle" (Variable) zur Belegung mit Konstanten. Termdarstellung mit Rechenablaufplänen (RAP) als ikonische (symbolische) Darstellung; ETR als Operator-Maschine; äquivalente RAP (bzw. Terme) und Rechengesetze führt man z.B. dadurch ein, daß zwei Schüler jeweils einen RAP realisieren und Ein- und Ausgaben vergleichen; Wiederholungsschleifen als ökonomische Darstellung bereiten u.a. Rekursionsformeln vor (hier zur Definition der Multiplikation natürlicher Zahlen); Grenzen und Fehler von ETR.*

Aufgaben

1. Berechne folgende Aufgaben. Welche Aufgaben rechnet man besser „im Kopf"? Wo liefert Dein ETR falsche Ergebnisse?

a) 21 + 3 =

b) 12345 + 67890 =

c) 12345678 + 87654321 =

d) 123456789 + 987654321 =

e) 1234567891 + 8765432109 =

f) 123,45 + 67,89 =

g) 123,45678 + 765,432109 =

h) 5700,03 + 0,07 =

i) 0,000000089 + 0,0000007 =

j) 0,0000000001 + 0,000000009 =

k) 1234567890 + 0,7 =

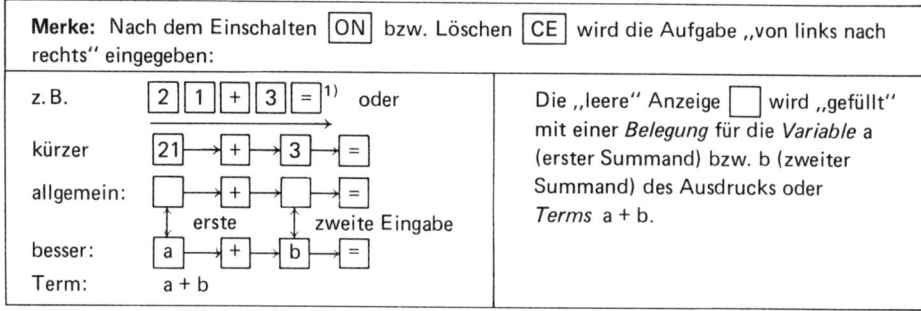

Merke: Nach dem Einschalten $\boxed{ON}$ bzw. Löschen $\boxed{CE}$ wird die Aufgabe „von links nach rechts" eingegeben:

z.B. $\boxed{2}\boxed{1}\boxed{+}\boxed{3}\boxed{=}$[1] oder

kürzer $\boxed{21} \to \boxed{+} \to \boxed{3} \to \boxed{=}$

allgemein: $\boxed{} \to \boxed{+} \to \boxed{} \to \boxed{=}$ erste   zweite Eingabe

besser: $\boxed{a} \to \boxed{+} \to \boxed{b} \to \boxed{=}$

Term: a + b

Die „leere" Anzeige $\boxed{}$ wird „gefüllt" mit einer *Belegung* für die *Variable* a (erster Summand) bzw. b (zweiter Summand) des Ausdrucks oder *Terms* a + b.

2. Durch die Addition + wird je zwei Zahlen genau eine Zahl zugeordnet. Diese Zuordnung wird in einem beschränkten Zahlbereich vom ETR ausgeführt. Diskutiere diesen Zahlbereich!

3. Wie berechnet der ETR den Wert der Terme −13 + 25; −13 + (− 25)?

Merke: Durch die Vorzeichenwechseltaste $\boxed{+/-}$ ändert man das Vorzeichen der im Anzeigeregister stehenden Zahl.

---

[1] Manche ETR haben an Stelle der beiden Tasten $\boxed{+}$ und $\boxed{=}$ eine einzige Taste $\boxed{\pm}$, da nach Drücken von $\boxed{+}$ das (Teil-)Ergebnis der vorausgehenden Rechnung angezeigt wird.

4. Wie ist z. B. 0,07 einzugeben? ($\boxed{0}\,\boxed{\cdot}\,\boxed{0}\,\boxed{7}$)

a) Statt Komma " , " setzt der ETR Punkt " . "!

b) Eine „Null" *vor* dem Komma (Punkt) braucht man *nicht* einzugeben.

5. Was bedeutet 1∪10 (∪ entspricht „Leerstelle") in der Ergebnisanzeige für Aufgabe e) bei einem 10-Stellen-ETR? (vgl. Abschnitt 1.3, Aufgabe 3 über EE-Taste). 1 × 10 ^10

6. Wie berechnet der ETR die Ergebnisse von Aufgabe 1. k)? (Rundet der ETR oder schneidet er einfach die „letzten" Ziffern ab?)

7. Wo bleibt der erste Summand nach Eingabe des Zweiten?

8. Belege in den Termen a + b bzw. b + a die Variable a mit 147258 und b der Reihe nach mit 369, 396, 639, 693, 936, 963. Erfasse alle Ergebnisse für die Terme a + b bzw. b + a in einer Tabelle.

9. Welches Ergebnis liefert folgender **R**echen-**A**blauf-**P**lan (RAP):

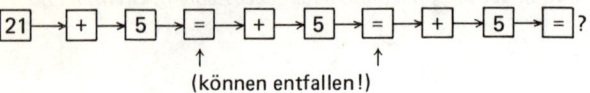

(können entfallen!)

Diesen RAP kann man vereinfachen:

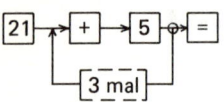

Die „*Wiederholungsschleife*" $\quad\boxed{\text{3 mal}}\quad$ gibt an, *welcher Teil* des RAP *wie oft* wiederholt wird.

Welchen Term beschreibt der RAP [1]:

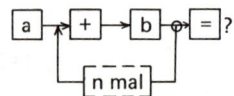

10. Der Teil $-\boxed{+}-\boxed{b}-$ eines RAP beschreibt den Befehl: Addiere zum Inhalt des *Anzeige-Registers* die Zahl b. Er stellt somit eine *Abbildungsvorschrift* (Operations-Vorschrift) oder einen *Operator* dar, wodurch einem Wert a der Wert a + b als „Bild" zugeordnet wird.

vgl.   mit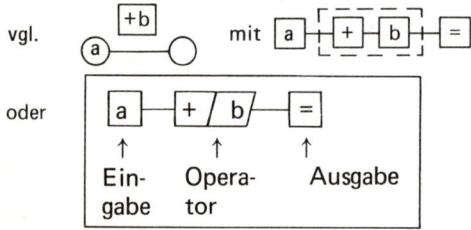

oder

a — + / b — =

↑   ↑   ↑

Ein-   Opera-   Ausgabe

gabe   tor

Vereinbarung: Die Eingabe von Zahlen (als Belegungen einer Variablen a) soll in Zukunft durch $\boxed{}$ gekennzeichnet werden, wodurch Zahleneingaben (z.B. $\boxed{2,3}$) und Betätigung von Funktionstasten (z.B. $\boxed{+}$) augenfällig unterschieden werden. Zudem soll kurz $-\boxed{+\,/\,b}-$ statt $-\boxed{+}-\boxed{b}-$ geschrieben werden.

Anmerkung: Taschenrechner mit sog. **u**mgekehrter **p**olnischer **N**otation (UPN-Logik) berechnen den Wert des Terms a + b nach dem RAP $\boxed{a}-\boxed{\text{ENTER}}-\boxed{b}-\boxed{+}$.

---

[1] Manche Rechner leisten das gleiche nach folgendem RAP: a → + → b → = (n mal)

Sie realisieren ein

Knüpfermodell: (a)   (b)   ← Eingabe

               (+)   ← Verknüpfung

               □   ← Ergebnis (Ausgabe)

11. Wenn das *Kommutativ-* (Vertauschungs-) Gesetz für die Addition nicht bekannt ist, dann belege in a + b bzw. b + a jeweils die Variablen a und b mit beliebigen Zahlen und vergleiche die entsprechenden Werte. Was stellt man fest?

Die RAP /a/—/+/b/—/=/ und /b/—/+/a/—/=/ sind *gleichwertig* — man sagt auch *äquivalent* —, da sie für gleiche Eingaben gleiche Ergebnisse liefern. Es gilt das Kommutativ-Gesetz; d. h. für alle Belegungen von a und b gilt a + b = b + a.

12. Überprüfe auch das Assoziativ- (oder Verbindungs-) Gesetz: a + (b + c) = (a + b) + c. Wie berechnet man a + (b + c)? Kann man „von links nach rechts'' ohne weiteres durchrechnen? (Notiere oder „speichere'' das Zwischenergebnis, was „später'' nochmals gebraucht wird!) Gib äquivalente RAP an.

1.2. Subtraktion

Zielsetzung: *Vgl. 1.1, weiterhin: Subtraktion* $\boxed{-}$ *als „Umkehrung'' der Addition (Aufgabe 9.); Gleichungen (z. B. Aufgaben 1.i) bis 1.m)) sollten zunächst im „Probierverfahren'' (Versuch— Irrtum—Versuch) gelöst werden.*

Aufgaben

1. Berechne folgende Aufgaben. Welche Aufgaben rechnet man besser „im Kopf''? Wo liefert Dein ETR falsche Ergebnisse?

a) $21 - 3 =$

b) $123456 - 12345 =$

c) $12345 - 123456 =$

d) $123456789 - 101234567 =$

e) $147258,369 - 147,147 =$

f) $1234567891 - 0,06 =$

g) $1234567891 - 0,6 =$

h) $159 - (- 840) =$

i) $123 = 234 - \Box$

j) $\Box + 234 = - 123$

k) $987654 - \Box = 3333$

l) $\Box - \Box = 50$

m) $\Box - \Box = - 50$

> **Merke:** Rechenablaufplan /a/—/−/b/—/=/ zur Berechnung des Terms a − b.

2. Durch die Subtraktion wird je zwei Zahlen genau eine Zahl zugeordnet. Diese Zuordnung wird in einem beschränkten Zahlbereich vom ETR ausgeführt. Diskutiere diesen Zahlbereich.

3. Welche Bedeutungen kommen den „ − '' Zeichen in Aufgabe 1. h) zu? Gib einen ausführlichen Rechen-Ablaufplan hierzu an! Gibt es einen (ökonomischeren) kürzeren RAP?

4. Erstelle eine übersichtliche Tabelle für die Ergebnisse von a − b, wenn a mit den Werten 125; 250; 500; 625; 750; 1000 (d.h., a ∈ {125, ..., 1000}) b mit den Werten 23; 34,5; 51,75; 77,625; und 116,4375 belegt wird.

Wieviele Teilergebnisse muß diese Tabelle enthalten? In welcher Reihenfolge werden die Differenzen sinnvoll berechnet? Ergänze die Tabelle mit den Ergebnissen für b − a.

Ⓛ

a \ b	23	34,5	51,75	...
125	102	90,5	73,25	...
250	227	215,5	...	
500	477	...		
⋮	⋮			

Tabelle mit „doppeltem" Zugang für a − b, wird „zeilenweise" oder „spaltenweise" ausgefüllt; wenn möglich wird die jeweilige Konstante in der „Eingangszeile" bzw. „Eingangsspalte" abgespeichert!

5. Gibt es Belegungen von a und b so, daß folgende RAP gleiche Ergebnisse liefern:

[a]−[b]=   und   [b]−[a]= ?

6. Notiere in einer Tabelle die Ergebnisse nach folgendem RAP:

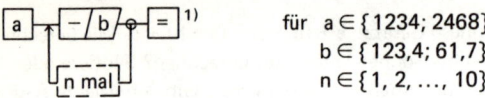 [1)]

für a ∈ { 1234; 2468}
b ∈ { 123,4; 61,7}
n ∈ { 1, 2, ..., 10}

7. Ändere den RAP so, daß das Ergebnis schneller berechnet werden kann (nur [+] bzw. [−]-Tasten benutzen!) Wie lauten die entsprechenden Terme?

a) [a]+[b]+[c]=
   7 mal   8 mal

b) [a]+[b]−[c]=
   4 mal   4 mal

c) [a]−[b]+/−[b]+[c]=

Ⓛ   a) $a + 7b + 8c = (b + c) \cdot 7 + a + c$
        b) $a + 4b − 4c = (b − c) \cdot 4 + a$
        c) $a − (− b) − b + c = a + c$

8. Überprüfe an selbstgewählten Beispielen folgende *Rechenregeln*. (Allgemeingültige Gleichungen)

a) $a + (− b) = a − b$
b) $− a − b = − (a + b)$
c) $n \cdot a + n \cdot b = n \cdot (a + b);$ $n ∈ \mathbb{N}$ (d.h. für natürliche Zahlen n)
d) $n \cdot a + m \cdot a = (n + m) \cdot a;$ n, m ∈ \mathbb{N}

Zeichne entsprechende RAP jeweils für die linke bzw. rechte Gleichungsseite.

[1)] Vielleicht haben einige Schüler einen Rechner, der diese Aufgabe auch nach folgendem RAP löst:

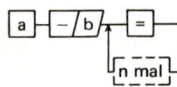

9. Es ist zu berechnen $579 - 321$ (allg. $a - b$). Beim Eingeben in den ETR unterläuft ein Fehler:

$\boxed{579}\!\!-\!\!\boxed{-}\!\!/\!\boxed{322}\!\!/\!\!-$.   Wie korrigiert man diesen am besten?

Ⓛ $\boxed{a}\!\!-\!\!\boxed{-}\!\!/\!\boxed{b'}\!\!-\!\!\boxed{+}\!\!/\!\boxed{b'}\!\!-\!\!\boxed{-}\!\!/\!\boxed{b}\!\!-$ bzw. wenn möglich: Löschen der letzten Eingabe
 | z. B. mit $\boxed{CE}$

1.3. Multiplikation

Zielsetzung: *Vgl. 1.1; Multiplikation sehr großer oder sehr kleiner (positiver) Zahlen; Exponentielle Zahldarstellung ($\boxed{EE}$-Taste) wird als ökonomisch sinnvoll erkannt; durch geeignete Aufgabenfolgen (z. B. Aufgaben 1.b) bis 1.e)) kann der Schüler zur Entschlüsselung der ,,codierten'' Zahldarstellung angeregt werden; Beachtung der Rechenlogik des ETR (Aufgaben 4. und 5.); Rekursive Definition von Potenzen; Empirische Hinführung und Kontrolle von Potenzgesetzen (Aufgaben 6. bis 9.), ,,Regelmäßigkeiten'' bei speziellen Zahlenfolgen (Aufgabe 10.); ,,Experimentelles Aufsuchen'' von Lösungen durch spontane oder auch gezielte Einschachtelung der gesuchten Lösungen; Hinführung zu Lösungsstrategien und Intervallschachtelungen für reelle Zahlen (Aufgaben 10.e) und f), 11.).*

> **Merke:** Das (angelsächsische) Symbol für die Multiplikation ist ,,×'' (nicht ,, · '', der als Dezimalpunkt verwandt wird.)

Aufgaben

1. Berechne folgende Aufgaben. Welche Aufgaben rechnet man besser ,,im Kopf''? Wo liefert Dein ETR falsche Ergebnisse?

a) $21 \cdot 3 =$ b) $101 \cdot 202 =$
c) $1001 \cdot 2002 =$ d) $10001 \cdot 20002 =$
e) $100001 \cdot 200002 =$ f) $-1800 \cdot 0{,}685871 =$
g) $-1800 \cdot (-6858{,}71) =$ h) $1800 \cdot 685871 =$
i) $0{,}0025 \cdot 0{,}0003 =$ j) $0{,}00025 \cdot 0{,}000003 =$
k) $0{,}000025 \cdot 0{,}0000003 =$ l) $2{,}34 \cdot 10^9 \cdot 4{,}56 \cdot 10^{11} =$
m) $12{,}34 \cdot 10^{56} \cdot 789{,}1 \cdot 10^{23}$ n) $(1{,}0203 \cdot 10^{-47}) \cdot (20{,}30 \cdot 10^{15}) =$

> **Merke:** Rechenablaufplan $\boxed{a}\!\!-\!\!\boxed{\times}\!\!/\!\boxed{b}\!\!-\!\!\boxed{=}$ zur Berechnung des Terms $a \cdot b$.

2. Durch die Multiplikation wird je zwei Zahlen genau eine Zahl zugeordnet. Diese Zuordnung wird in einem beschränkten Zahlbereich vom ETR ausgeführt. Diskutiere diesen Zahlbereich.

> **Merke:** Bei ETR mit einer $\boxed{EE}$ (manchmal $\boxed{EE_x}$) Taste, d. h. mit *,,scientific notation''* (wissenschaftlicher Schreibweise), bedeutet z. B. die Anzeige $5.\!\cup\!09 = 5 \cdot 10^9 = 5\,000\,000\,000$
> $123.45678\!\cup\!09 = 123{,}45678 \cdot 10^9 = 123\,456\,780\,000$
> $5.\!-\!09 = 5 \cdot 10^{-9} = 0{,}000\,000\,005$ $1.\!-\!99 = 1 \cdot 10^{-99}$ $0{,}0 \ldots 0\,1$
> $\underbrace{}$
>   98 Nullen

3. Erstelle einen ausführlichen RAP zur Berechnung von

a) $(-23{,}47) \cdot 0{,}089$ b) $(450{,}3 \cdot 10^{-12}) \cdot (-0{,}71 \cdot 10^{-23})$

Beispiele für RAP zu $(-2,5 \cdot 10^{30}) \cdot (30,1 \cdot 10^{-8})$:

┌─────┬─────┬────┬─────┬───┬──────┬────┬───┬─────┬───┐
│ 2,5 │ +/− │ EE │ 30 │ × │ 30,1 │ EE │ 8 │ +/− │ = │
└─────┴─────┴────┴─────┴───┴──────┴────┴───┴─────┴───┘

oder (für manche ETR)

┌───┬─────┬────┬────┬───┬──────┬────┬───┬───┬───┐
│ − │ 2,5 │ EE │ 30 │ × │ 30,1 │ EE │ − │ 8 │ = │
└───┴─────┴────┴────┴───┴──────┴────┴───┴───┴───┘

4. Berechne mit dem ETR und kontrolliere das angezeigte Ergebnis!

$2 + 3 \cdot 4$; $(2 + 3) \cdot 4$; $2 + (4 \cdot 3)$; $3 \cdot 4 + 2$

Es gibt bei ETR *verschiedene Rechentechniken*. Z.B. ein ETR liefert für ⟨2⟩—⟨+⟩⟨3⟩—⟨×⟩⟨4⟩—⟨=⟩
das Ergebnis 20, ein anderer zeigt nach dem gleichen RAP das Ergebnis 14. Der letztere zeigt das
Ergebnis 20, wenn folgender RAP eingegeben wird: ⟨2⟩—⟨+⟩⟨3⟩—⟨=⟩—⟨×⟩⟨4⟩—⟨=⟩. Wie kommt das?

> **Merke:** Die Regel „Punktrechnung vor Strichrechnung" erspart häufig Klammer-Setzung.
> Es gibt Rechner, die diese Regel beherrschen; manche ETR verfügen über Klammern [( )].

5. Welche Rechengesetze sind für die Multiplikation bekannt? Überprüfe sie an selbst gewählten
Beispielen:

(Vertauschungsgesetz)	Kommutativgesetz:	$a \cdot b = b \cdot a$
(Verbindungsgesetz)	Assoziativgesetz:	$a \cdot (b \cdot c) = (a \cdot b) \cdot c$
(Verteilungsgesetz)	Distributivgesetz:	$a \cdot (b + c) = a \cdot b + a \cdot c$
	Rechenregel für negative Zahlen:	$a \cdot (-b) = -(a \cdot b)$
		$(-a) \cdot (-b) = a \cdot b$

Zeichne jeweils (zwei) *äquivalente* RAP.

6. Berechne

a) $23,45 \cdot 23,45 \cdot 23,45 \cdot 23,45$

b) $\underbrace{a \cdot a \cdot \ldots \cdot a}_{n \text{ Faktoren}}$ für $a \in \{1; 2; 3; 4; 0,5; 0,99; -1; -2; -0,5\}$ und $n \in \{1, 2, \ldots 10\}$

Erstelle einen für den ETR geeigneten Ablaufplan!

7. a) Wie erhält man das Ergebnis für $a \cdot a$, wie das für $(a \cdot a) \cdot a$ usw. für $\underbrace{(a \cdot a \cdot \ldots \cdot a)}_{n \text{ Faktoren}} \cdot a$?

b) Wähle für a die Werte 2; 3; 0,5 und 0,9;
Welche Ergebnisse liefert der ETR nach folgendem RAP 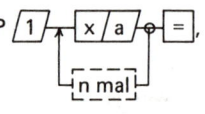,
wenn n gleich 0, 1, 2, 3, 10 bzw. 15 ist
(kurz: $n \in \{0, 1, 2, 3, 10, 15\}$)?

Ⓛ $2^0 = 1$; $2^{15} = 32\,768$; $3^{15} = 14\,348\,907$; $0,5^{15} = 0,000\,030\,517\,6$
    $0,9^{15} = 0,205\,891\,132\,1$

> **Merke:** Man definiert *Potenzen* (mit nicht negativen ganzen Hochzahlen):
> $a^0 = 1$, $a^1 = a$, $a^2 = a \cdot a$, $a^3 = a \cdot a \cdot a$ usw.
>
> oder durch die *Rekursionsformel* (rekursive Definition): $a^0 = 1$ und $a^{n+1} = a^n \cdot a$
> für alle n gleich 0, 1, 2 ... (kurz: $n \in \{0, 1, 2, \ldots\} =: \mathbb{N}_0$)
>
> Potenz: $a^n \begin{smallmatrix} \leftarrow \text{ Hochzahl (Exponent)} \\ \leftarrow \text{ Basis} \end{smallmatrix}$; lies: „a hoch n"

8. Erstelle RAP. Rechne selbstgewählte Beispiele und erfasse sie in einer Tabelle (pro Term eine Spalte)! Was fällt dabei auf?

a) $a^n \cdot b^m$ b) $a^n + b^m$ c) $a^n \cdot a^m$ d) $a^n \cdot b^n$ e) $(a + b)^n$ f) $(a \cdot b)^n$

g) $a^{n \cdot m}$ h) a^{n+m} i) $(a^n)^m$

9. In Aufgabe 8. hast Du Beispiele gerechnet für die Richtigkeit folgender *Potenz-Rechengesetze:*

$$a^n \cdot b^n = (a \cdot b)^n \qquad\qquad a^n \cdot a^m = a^{n+m}; \quad (a^n)^m = a^{n \cdot m}$$

Welche RAP aus Aufgabe 8 waren äquivalent?

10. a) Erstelle eine Tabelle für 2^n, 3^n, 4^n, 5^n, 6^n, 7^n, 8^n, soweit der ETR richtige Ergebnisse liefert.

b) Welche „merkwürdigen" Eigenschaften fallen bei der Zahldarstellung dieser Potenzen auf (betrachte die letzte(n) Ziffer(n) von 2^n, 3^n usw.)

c) Vergleiche die Ergebnisspalten von 2^n, 4^n und 8^n!

d) Die (Folge der) Zweierpotenzen kann man beschreiben durch: $1 \to 2^1$, $2 \to 2^2$ usw. allg. $n \to 2^n$ lies: n *ist zugeordnet* 2^n.

Ergänze folgende Sätze:
Der Zahl 5 (m bzw. n) ist die ...te-Zweierpotenz $2^\square$ zugeordnet.
Der *Summe* 5 + 3 (bzw. n + m) ist das *Produkt* $2^\square \cdot 2^\circ = \ldots = \ldots$ zugeordnet.

Zuordnungsschema:

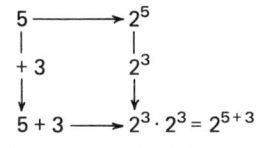 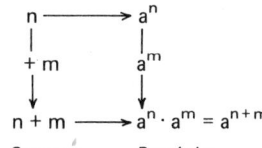

Beispiel: Allgemein:

e) Löse[1] folgende Gleichungen bzw. Ungleichungen:

(1) $3^7 = 3^2 \cdot 3^n$ (2) $a^n \cdot a^5 = a^{12}$ (3) $a^{15} \cdot a^n = a^{10}$

(4) $2^{n+m} = 512$ (5) $2^{3 \cdot x} = 8^5$ (6) $5^{7+x} = 125$

(7) $3^{n-m} = 6561$ (8) $6^n \le 10\,000$ (9) $n^m \le 32$

Diskutiere die Lösungswege an Hand der Tabelle zu a) z.B.

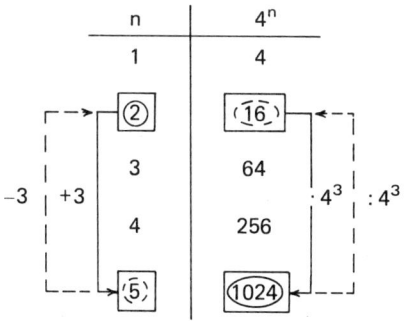

Aufgabe: $4^{②+n} = ⟨1024⟩$
Lösung: $n = 3$

Aufgabe: $4^{⑤+n} = ⟨16⟩$
Lösung: $n = -3$

---

[1] Wenn man die Lösungsstrategien noch nicht kennt, dann dient der ETR alt methodisches Hilfsmittel: Nach „Probierverfahren" (Versuch—Irrtum—Methode) wird Lösungsstrategie selbsttätig gesucht.

f) Ergänze die Texte: bei Erhöhung des Exponenten n

um 1 *verdoppelt* sich der Wert von 2^n;

um 2 .... sich der Wert von 2^n;

um 3 .... sich der Wert von 2^n;

um 1 .... sich der Wert von 3^n;

um 2 .... sich der Wert von 3^n;

um ..... verhundertfacht sich der Wert von 10^n;

um ..... ver-256-facht sich der Wert von 4^n;

um 10 ver-1024-facht sich der Wert von ....;

um 2 ver-64-facht sich der Wert von   ....

Ⓛ b) z.B. die Endziffern der 2-er Potenzen (n ∈ IN) kehren in dieser Reihenfolge (Periode) wieder: 2, 4, 8, 6!

c) $4^n = (2^2)^n = 2^{(2 \cdot n)}$; $8^n = (2^3)^n = 2^{(3n)}$

d) $n \rightarrow 2^n$; $(n + m) \rightarrow 2^{n+m} = 2^n \cdot 2^m$

e) ganzzahlige Lösungen: $n = 5$; $n = 7$; $n = -5$; $n + m = 9$; $x = 5$; $x = -4$; $n - m = 8$; $n \leq 5$; n beliebig und $m = 0$ oder $m = 1$; $n = 2$ und $m \leq 5$; $n = 3$ und $m \leq 3$, ..., $n \leq 32$ und $m = 1$.

11. Besitzt der ETR die Taste $\boxed{x^2}$? Es gilt: $x^2 = x \cdot x$, also

$\boxed{x}\!-\!\boxed{x^2}$ ist gleichwertig mit $\boxed{x}\!-\!\boxed{x}\,\boxed{x}\!-\!\boxed{=}$.

Besitzt der ETR die Taste $\boxed{y^x}$? Es gilt für natürliche Zahlen x (d.h. x ∈ IN): $y^x = y \cdot y \cdot \ldots \cdot y$ (x Faktoren y) also: $\boxed{y}\!-\!\boxed{y^x}\,\boxed{x}$ ist gleichbedeutend mit $\boxed{y}\!-\!\boxed{x}$

$\boxed{\text{x mal}}$

Berechne mit der Taste $\boxed{x^2}$ folgende Potenzen x^n mit $x \in \{0,5; 1,1; 2,5\}$ und $n \in \{2, 4, 8, 16\}$ (Tabelle!)

> *Beachte* den Unterschied: $\boxed{x}$ zur Eingabe eines Wertes für x;
>
> $\boxed{x}$ als Symbol für die Multiplikation.

1.4. Division

Zielsetzung: *Vgl. 1.3; ETR und „Teilbarkeit"; a teilt b, wenn in der Dezimalzahldarstellung von b : a keine Nachkommastellen (ungleich 0) auftreten. Damit erfahren durch ETR Teilbarkeitsprobleme und Primzahlfragen vielfach einen leichteren, schnelleren Zugang (Aufgabe 3.).*

> **Merke:** Das Rechner-Symbol für die Division ist „÷" (vgl. „:" und „–" als Bruchstrich).

Aufgaben

1. Berechne folgende Aufgaben. Welche Aufgaben rechnet man besser „im Kopf"? Wo liefert Dein ETR falsche Ergebnisse?

a) $21 : 3 =$

b) $15185088 : 123 = (123456)$

c) $66564 : 258 = (258)$

d) $102400000 : 256 = (400000; 40000)^*$

e) $250000 : 0,00125 = (200000000; 2.0000000; 2.\ 08)$

f) $0,00125 : 250000 = (0,000000005; 0.; 5.\ 09)^*$

g) $\dfrac{2}{3} = (0.6666666; .6666666667)^*$

h) $\dfrac{1}{47} = (0,0212765, 0,0212766; 0,021276595)$

i) $\dfrac{125 \cdot 75000}{800 \cdot 250000} = (0,046875; 0,045; 0.)^*$

j) $\dfrac{1}{7} \cdot 6 = (0,857142; 0,8571426; 0,8571428; .857\ 142\ 857\ 1)^*$

k) $0.00025 : 1234567 = (0,0000000002; 0.; 2.0250\ -10)^*$

l) $\boxed{} : 125 = 125$

m) $25281 : \boxed{} = 159$

Welche Aussagen kann man über die Rechengenauigkeit, den Rechenweg bzw. über die Stellenanzahl der Anzeige eines ETR machen, der Ergebnisse liefert, die in den Klammern mit Stern ( )* aufgeführt sind?

Merke: Rechenablaufplan $\boxed{a}\!-\!\boxed{\div}\!-\!\boxed{b}\!-\!\boxed{=}$ für den Wert des Terms $a : b$ bzw. $\dfrac{a}{b}$.

2. Durch die Division wird je zwei Zahlen genau eine Zahl zugeordnet. Diese Zuordnung wird in einem beschränkten Zahlbereich vom ETR ausgeführt. Diskutiere diesen Zahlbereich?

3. a) Bestimme alle Teiler von 36, 47, 111, 419, 420, 421.

b) Primzahlen sind solche Zahlen, die genau zwei Teiler haben.
Zeige, daß 1009, 1013, 1019, 1021, 1031, 1033, 1039 Primzahlen sind. (Ist es hierfür nützlich zu wissen, daß 2, 3, 5, 7, 11, 13, 17, 19, 23, 29, 31 die Menge der Primzahlen kleiner als 33 ist?)

Anmerkung:

(1) Dividiere z.B. 1009 durch 2, 3 usw. bis 31 und beachte die „Nachkommastellen" der Ergebnisse.

(2) Beachte Endziffernregeln bzw. Quersummenregeln für die Teilbarkeit einer Zahl durch 2, 5 bzw. 3, 7, 11.

Ⓛ   zu b) Dividiere z.B. 1009 nacheinander durch alle Primzahlen kleiner oder gleich $\sqrt{1009}$; das Ergebnis hat immer von Null verschiedene „Nachkommastellen" (d.h. ist keine ganze Zahl).

4. Wie groß (klein) kann man bei Deinem ETR a jeweils maximal (minimal) wählen, damit das Ergebnis ohne Fehler berechnet wird:

a) $54321 + a =$ $54,321 + a =$

b) $54321 - a =$ $54,321 - a =$

c) $54321 \cdot a =$ $54,321 \cdot a =$

d) $54321 : a =$ $54,321 : a =$

5. Besitzt Dein ETR eine $\boxed{1/x}$-Taste, womit der „Kehrwert" einer eingegebenen Zahl berechnet wird?

Merke: $\boxed{x}$—$\boxed{1/x}$ ist gleichwertig mit $\boxed{1}$—$\boxed{\div}$/$\boxed{x}$—$\boxed{=}$.

Berechne mit der Taste $\boxed{1/x}$ nun nochmals die Übungsaufgaben a) bis h), ohne die Taste $\boxed{\div}$ zu benutzen.

6. Setze für a selbstgewählte Zahlen ein, und bestimme jeweils die zugehörigen Werte von b (d.h. die Lösung(en) der Gleichung):

a) $a + b = 10$ b) $a + b = 0$

c) $a + b = -10$ d) $a \cdot b = 10$

e) $a \cdot b = 1$ f) $a \cdot b = \dfrac{1}{10}$

7. Erstelle eine Tabelle zur Berechnung der Termwerte

a) $a : b + a;$ mit $a \in \{400, 40, 4, -4\}$

b) $b + \dfrac{a}{b};$ und $b \in \{200, 20, -2\}$

c) $\dfrac{b}{a} + \dfrac{a}{b};$

Erstelle jeweils einen RAP.

8. Angenommen Dein ETR verfügt nicht über Klammern $\boxed{(}$ $\boxed{)}$ und Speicher; er beachte auch nicht die Regel „Punkt- vor Strichrechnung" (was für sehr viele ETR zutrifft). Forme folgende Terme so um, daß sie „in einem Zug" durchgerechnet werden können. Erstelle den RAP.

a) $a + a : b$ b) $\dfrac{b}{a} - \dfrac{a}{b}$

c) $b \cdot a + c \cdot d$ d) $\dfrac{b}{a} + \dfrac{c}{d}$

(L)   a) $a + a : b = a : b + a = \left(\dfrac{1}{b} + 1 \right) \cdot a$

       b) $\dfrac{b}{a} - \dfrac{a}{b} = -(a^2 : b - b) : a = (b^2 : a - a) : b$

       c) $b \cdot a + c \cdot d = [(c \cdot d) : a + b] \cdot a$ wenn $a \neq 0$

       d) $\dfrac{b}{a} + \dfrac{c}{d} = [(b : a) \cdot d + c] : d$

9. Berechne

a) $(((192 : 2) : 2) : 2) : 2$ b) $\dfrac{243}{3 \cdot 3 \cdot 3 \cdot 3 \cdot 3}$

c) $\dfrac{625}{5 \cdot 5 \cdot 5 \cdot 5 \cdot 5}$ d) $\dfrac{5184}{2^3 \cdot 3^2}$

e) $\dfrac{5184}{2^7 \cdot 3^4}$ f) $\dfrac{1}{a^n}$ mit $a \in \{1; 2; 3; 2{,}34; -1; -2\}$

                                               und $n \in \{1, 2, ..., 10\}$

Erstelle den RAP (mit Wiederholungs-Schleife).

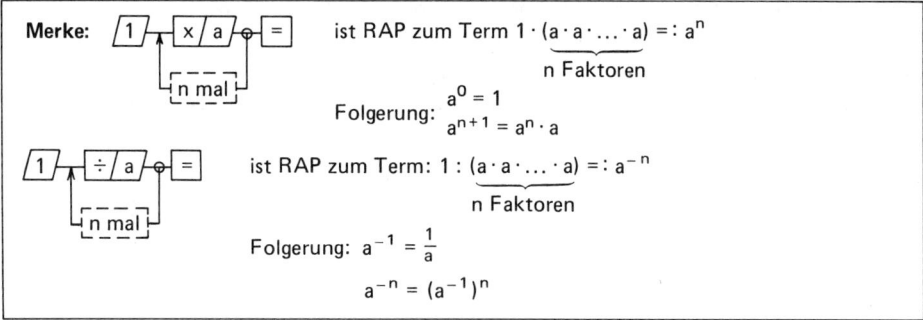

10. a) Berechne (auch ohne die Taste $\boxed{y^x}$ zu benutzen) Tabelle!

2^{-n}; 3^{-n}, $\left(\dfrac{2}{3}\right)^{-n}$, $\left(\dfrac{3}{2}\right)^{-n}$; $(2 \cdot 3)^{-n}$; $(2^{-n} \cdot 3^{-n})$; $(2^{-n} \cdot 2^{-3})$; $2^n \cdot 2^{-7}$ für $n \in \{1, 2, \dots, 10\}$.

b) Bestätige an selbstgewählten Beispielen die Gültigkeit der Potenz-Rechengesetze für „ganze"
(positive und nicht positive) Exponenten:

$a^n \cdot b^n = (a \cdot b)^n$ $\qquad\qquad$ $\dfrac{1}{a^n} \cdot \dfrac{1}{b^n} = \left(\dfrac{1}{a \cdot b}\right)^n$

$a^n \cdot a^m = a^{n+m}$ $\qquad\qquad$ $\dfrac{a^n}{a^m} = a^{n-m}$

1.5. Wurzelfunktionen

Zielsetzung: *Verständliche Definition der Wurzelfunktion (für nicht negative Zahlen) als eine Umkehrfunktion der Potenzfunktion; Eigenschaften dieser Funktionen; Entwicklung von Lösungsstrategien (vgl. auch Zielsetzung zu 1.3 Aufgabe 10. und 11.) Schätzen von Lösungen. Anwendungen des Wurzelbegriffs und empirisches Entdecken eines Satzes (Aufgabe 8.); Erweiterung des Potenzbegriffs.*

Aufgaben

1. Berechne

a) $4 \cdot 4 =$ $\qquad$ $\sqrt{16} =$

$\qquad\qquad$ RAP: $\boxed{16}\!\!-\!\!\boxed{\sqrt{}}$ oder $\boxed{16}\!\!-\!\!\boxed{\sqrt{x}}$

b) $(-40) \cdot (-40) =$ $\quad$ $\sqrt{1600} =$

c) $0{,}4 \cdot 0{,}4 =$ $\qquad$ $\sqrt{0{,}16} =$

d) $-400 \cdot 400 =$ $\qquad$ $\sqrt{-160000} = ?$

e) Für welche Werte von x gilt $\sqrt{x \cdot x} = x$? $\ (x \geq 0)$

f) Deute die linken Aufgaben als Berechnungen der Flächenmaßzahl von Quadraten;
wie ist dann jeweils die rechte Aufgabe zu deuten?

Merke: Ist $a \geq 0$, so wird durch die RAP $\boxed{a}\!\!-\!\!\boxed{x \, / \, a}\!\!-\!\!\boxed{\sqrt{}}$ bzw. $\boxed{a}\!\!-\!\!\boxed{x^2}\!\!-\!\!\boxed{\sqrt{x}}$
und $\boxed{a}\!\!-\!\!\boxed{\sqrt{x}}\!\!-\!\!\boxed{x^2}$ der Eingabe a wiederum der Wert von a zugewiesen:
Das Quadrat-Wurzelziehen ist die „Umkehrung" des Quadrierens, d.h. für $a \geq 0$ gilt:
$\sqrt{a^2} = (\sqrt{a})^2 = a$

Überprüfe die Genauigkeit Deines ETR, indem Du in obige RAP für a die Werte
0; 1; 2; 3,5; 0,5; 0,999 eingibst.

2. Wie muß man a jeweils wählen, damit folgende „Regeln" gelten?
   Probieren, vermuten, bestätigen der Vermutung (oder neu vermuten), argumentieren!

   a) $a = \sqrt{a}$ b) $a > \sqrt{a}$

   c) $a < \sqrt{a}$ d) je größer a desto größer ist $\sqrt{a}$

   Ⓛ   a) 1 oder 0;   b) $a > 1$;   c) $0 < a < 1$;   d) $a \geq 0$

3. Berechne und erfasse alle Ergebnisse von b) bis e) in einer Tabelle.

   a) $\sqrt{4^n}$ mit $n \in \{1, 2, ..., 10\}$ b) $\sqrt{4^n \cdot 10^m}$ mit $n, m \in \{0, 1, 2, 3, 4\}$

   c) $\sqrt{4^n} \cdot \sqrt{10^m}$ d) $\sqrt{4^n + 3^m}$ e) $\sqrt{4^n} + \sqrt{3^m}$

   Vergleiche die Ergebnisse! Was fällt auf?

4. Erweitere die Tabelle zu 3.b) bis 3.e) mit den Belegungen der Exponenten n und m:
   $n, m \in \{-1, -2, -3, -4\}$ und bestätige auch hiermit die Regeln

   a) $\sqrt{a^{2n}} = (\sqrt{a^n})^2 = a^n$, für $n \in Z$

   b) $\sqrt{a \cdot b} = \sqrt{a} \cdot \sqrt{b}$

   c) $\sqrt{\dfrac{a}{b}} = \dfrac{\sqrt{a}}{\sqrt{b}}$, für $b \neq 0$

5. a) Welchen Term beschreibt der RAP?

      Beachte die Rechenlogik Deines ETR!

   b) Berechne hiernach die Termwerte
      für $x \in \{0,25; 0,5; 0,75; 1; 1,25; 1,5; 1,75; 2\}$
      und $n \in \{1, 5, 10, 15\}$

   Tabelliere! Was stellt man fest?

   Ⓛ   z. B. $n = 5$: $\sqrt{\sqrt{\sqrt{\sqrt{\sqrt{x}}}}}$; Für große Werte von n „streben die zugehörigen Werte
        gegen" 1.

6. Schätze und überprüfe die Schätzung mit der $\boxed{\sqrt{x}}$- bzw. $\boxed{x^2}$-Taste

   $\sqrt{2}$ $\sqrt{3}$ $\sqrt{5}$ $\sqrt{\dfrac{2}{3}}$ $\sqrt{6}$ $\sqrt{7}$ $\sqrt{8}$ $\sqrt{10}$ $\sqrt{20}$ $\sqrt{200}$ $\sqrt{3000}$ $\sqrt{50000}$ $\sqrt{666666}$ $\sqrt{640012}$

7. a) Bestimme durch „Probieren", nicht mit der $\boxed{\sqrt{}}$-Taste.
      Errate und kontrolliere die „genauen" Werte von:

   $\sqrt{676}$ $\sqrt{2401}$ $\sqrt{2601}$ $\sqrt{12,7449}$ $\sqrt{0,2704}$ $\sqrt{0,066564}$

   b) Bestimme entsprechend auf 3 Dezimalstellen genau

   $\sqrt{14}$ $\sqrt{19}$ $\sqrt{25312,81}$ $\sqrt{1108809}$ $\sqrt{852}$

   Wie systematisch bist Du vorgegangen? Beschreibe die „Strategie"!

Ⓛ (Intervall-)Schachtelung z.B. für $\sqrt{676}$:

Vermutung	10	20	30	25	27	26
Probe	$(10^2 =)$ 100	$(20^2 =)$ 400	900	625	729	679
Bemerkung	zu klein ($<$)	$<$	zu groß ($>$)	$<$	$>$	$=$

8. Zeichne 10 beliebige Rechtecke mit den Seiten a und b. Miß nun die Diagonalen d und erstelle eine Tabelle, die folgende Werte enthält: $a, b, d, a^2, b^2, d^2, a^2 + b^2, \sqrt{a^2 + b^2}$.

9. Statt $\sqrt{a}$ schreibt man auch $a^{\frac{1}{2}}$, d.h. $a^{\frac{1}{2}} = \sqrt{a}$ (für $a \geq 0$).

Was bedeutet und welchen Wert hat:

$2^{\frac{1}{2}} \cdot 20^{\frac{1}{2}}$; $2^{\frac{1}{2}} \cdot 4^{\frac{1}{2}} \cdot 8^{\frac{1}{2}}$; $5^{\frac{1}{2}} \cdot 5^{\frac{1}{2}}$; $(3^2)^{\frac{1}{2}}$; $(3^4)^{\frac{1}{2}}$; $3^{(4)\frac{1}{2}}$; $3^{(\frac{1}{2})4}$?

Merke: Mit dieser Vereinbarung folgt aus den Regeln in Aufgabe 4.

a) $(a^{2n})^{\frac{1}{2}} = a^n$ für alle $n \in Z = \{\dots -2, -1, 0, 1, 2, \dots\}$

b) $(a \cdot b)^{\frac{1}{2}} = a^{\frac{1}{2}} \cdot b^{\frac{1}{2}}$,   c) $\left(\dfrac{a}{b}\right)^{\frac{1}{2}} = \dfrac{a^{\frac{1}{2}}}{b^{\frac{1}{2}}}$

d) $a^{\frac{n}{2}} \cdot b^{\frac{m}{2}} = a^{(n \cdot \frac{1}{2})} \cdot b^{(m \cdot \frac{1}{2})} = (a^n \cdot b^m)^{\frac{1}{2}} = \sqrt{a^n \cdot b^n} = \sqrt{(a \cdot b)^n}$

e) $\dfrac{a^{\frac{n}{2}}}{b^{\frac{m}{2}}} = \dfrac{(a^n)^{\frac{1}{2}}}{(b^m)^{\frac{1}{2}}} = \left(\dfrac{a^n}{b^m}\right)^{\frac{1}{2}} = (a^n \cdot b^{-m})^{\frac{1}{2}} = \sqrt{a^n \cdot b^{-m}}$ ($b \neq 0$)

---

10. Berechne $(3)^{\frac{n}{2}}$ und $0,5^{(\frac{n}{2})}$ für $n \in \{-5, -4, \dots, 4,5\}$

a) mit Hilfe der $\boxed{\sqrt{}}$ -Taste

b) mit Hilfe der $\boxed{y^x}$ -Taste (falls vorhanden). Erstelle einen RAP.

11. a) Errate (vgl. Aufgabe 7.) die Eingabe a so, daß nachfolgender RAP $\boxed{1} \rightarrow \boxed{x / a} \rightarrow$ für $n = 3$ als Ergebnis -8; $0,125$; 64; -125; -15; 625; bzw. $94,818816$ liefert und für $n = 7$ als Ergebnis -128; $0,0078125$; -2187; bzw. 62748517 liefert.

$\boxed{n \; mal}$

Merke: Ist der Wert von a^n vorgegeben, so muß zur Bestimmung von a bei bekanntem n obiger RAP umgekehrt, d.h. von rechts nach links, durchlaufen werden. Man sagt: Die Umkehrung des Potenzierens mit der Hochzahl n (a^n) ist das Aufsuchen der n-ten Wurzel ($\sqrt[n]{}$) d.h. $\sqrt[n]{a^n} = a$ bzw. $\sqrt[n]{x} = a$ genau dann, wenn $a^n = x$. Statt $\sqrt[n]{a}$ schreibt man auch $a^{\frac{1}{n}}$, d.h. $a^{\frac{1}{n}} := \sqrt[n]{a}$.

b) Wie ist a zu wählen, damit der Term $\sqrt[n]{a}$ bei geradem bzw. ungeradem $n \in \mathbb{N}$ sinnvoll (definiert) ist? Warum sollte man $n = 0$ ausschließen? Wie sind a und n zu wählen, damit a^n „ungefähr'' gleich 1 ist?

c) Was versteht man unter $2^{0,25}$; $2^{\frac{7}{16}}$; $2^{\frac{3}{256}}$; $2^{-\frac{7}{13}}$; $(-2)^{-\frac{7}{13}}$? Welche Terme kann man mit Deinem ETR berechnen?

d) Hat Dein ETR die Taste $\boxed{y^x}$ (manchmal findet man auch $\boxed{x^y}$), so berechne z.B. $a^{\frac{n}{m}}$, indem Du zuerst $\frac{n}{m}$ bestimmst und danach diesen Wert als Exponenten x verwendest, d.h. zuerst $x := \frac{n}{m}$ (beachte, daß $x \in \mathbb{Q}$) und dann $\boxed{a}-\boxed{y^x}-\boxed{x}-\boxed{=}$. Manche Rechner liefern aber auch nach folgendem RAP das Ergebnis:

$$\boxed{a}-\boxed{y^x}\underset{\underset{a^n}{\uparrow}}{/}\boxed{n}-\boxed{y^x}-\boxed{m}-\boxed{1/x}\underset{\underset{\frac{1}{m}}{\uparrow}}{}-\boxed{=} \qquad (a^n)^{\frac{1}{m}}$$

bzw. $\boxed{a}-\boxed{y^x}/\boxed{n}-\boxed{\sqrt[x]{y}}/\boxed{m}-\boxed{=}$

Was folgt aus der Gleichwertigkeit dieser beiden RAP für die Verwendung der $\boxed{y^x}$ - und $\boxed{\sqrt[x]{y}}$ - Tasten? Welche Werte kann x in y^x, welche in $\sqrt[x]{y}$ annehmen? Auf welche Taste $\boxed{y^x}$ oder $\boxed{\sqrt[x]{y}}$ würdest Du lieber verzichten?

Ⓛ b) Für geradzahlige Werte von n muß $a \geq 0$ sein; mit $\sqrt[n]{a} = a^{\frac{1}{n}}$ ist „$a^{\frac{1}{0}}$'' bzw. „$\sqrt[0]{a}$'' *nicht* definiert!

c) $2^{0,25} = 2^{\frac{1}{4}} = \sqrt[4]{2} = \sqrt{\sqrt{2}}$;

Beachte: z.B. $(-2)^{-\frac{7}{13}} = -[1 : (2^{(7 : 13)})]$

(Viele) ETR berechnen solche Potenzen über die Logarithmus-Funktion der Basis!

1.6. Speichern von Daten

Zielsetzung: *Speicherbezeichnung und -symbole; Abspeichern und Rückruf des Speicherinhalts dienen häufig dem vorteilhaften, ökonomischen Rechnen.*

Von den vielfältigen, je nach Rechner-Typ auch unterschiedlichen Speichermöglichkeiten sollen die häufigsten kurz erläutert werden.

Speicher werden i.a. verwandt,

a) um *Konstanten* aufzubewahren, die bei einer Rechnung mehrfach benötigt werden und

b) um *Zwischenergebnisse* festzuhalten, die man sonst notieren und später wieder ziffernweise eingeben müßte.

Beispiele

Zu a): Berechne für $a \in \{123, 1234, 12345\}$ und $b \in \{2, 3, 4\}$ die Werte von

(1) $a + 2468,13$ 　　　 (2) $\left(a \cdot \dfrac{11}{100} + a\right) \cdot b$ 　　　 (3) $a - \dfrac{234^2}{56} \cdot b$

Zu b): Berechne

(1) $4,25 \cdot 60,5 - \dfrac{741}{26}$

(2) $\sqrt{(2,34 + 4,32)^2 + (12,3 - 6,89)^2 + (15,76 - 17,83)^2}$

(3) $\dfrac{1}{3}\left[(2,34 - 6,6789)^2 + (12,3 - 6,6789)^2 + (15,76 - 6,6789)^2 \right]$

Anmerkung: Solche Aufgaben sollte man zunächst analysieren, indem man fragt: Was bleibt beim einzelnen Aufgabentyp (Term) konstant? Welche (Teil-)Terme kann man in „einem Zug" durchrechnen? Gibt es (Term-)Umformungsmöglichkeiten, die die Berechnung erleichtern oder beschleunigen, d.h. ökonomischer machen? Ist es sinnvoll, eine Konstante zu speichern, d.h. braucht man zum „Rückrufen" (recall) weniger Tastbefehle als beim erneuten Eintippen dieser Konstante?

Wir wollen hier vereinbaren, im RAP für den Befehl „Speichere den Wert des Anzeige-Registers" als Symbol „→" zu verwenden. Das Speicher-*Register* in das dieser Wert zu transportieren ist, bezeichnen wir mit R und stellen es uns — sofern der ETR darüber verfügt — wie das Anzeige-Register vor, welches aus einzelnen „Zellen" zur Aufnahme von Dezimalziffern (und Zeichen z.B. −, ·) aufgebaut ist. Hat der ETR keinen oder zuwenige Register, so bezeichnen wir mit R einen Platz (eine Tabellenspalte) auf einem „Merkzettel".

Der Befehl $\boxed{\rightarrow R_3}$ bedeutet also: Speichere den Wert des Anzeigeregisters in das Register mit der Nummer 3, d.h. R_3 wird der Wert des Anzeigeregisters zugeordnet. $\boxed{STO\ \ 3}$ ist der entsprechende Tastbefehl bei solchen ETR (STO $\overset{\triangle}{=}$ store $\overset{\triangle}{=}$ Speicher), die über mehrere Speicherregister verfügen.

ETR, die neben dem Anzeige- oder *X-Register* und dem *Y-Register* für den „zuletzt" angezeigten oder berechneten Wert nur ein Speicher-Register haben, bezeichnen dies häufig mit M (memory $\overset{\triangle}{=}$ Gedächtnis). Die Taste solcher ETR hat i.a. die Bezeichnung $\boxed{x \rightarrow M}$.

Zum Beispiel RAP zu a) (3):

zunächst $\overline{/234/}\!-\!\boxed{x^2}\!-\!\boxed{\div}\!/56/\!-\!\boxed{=}\!-\!\boxed{x \rightarrow M}$,

dann $\overline{/b/}\!-\!\boxed{\times / M}\!-\!\overline{/a/}\!-\!\boxed{=}\!-\!\boxed{+/-}$.

$\boxed{\times / M}$ bedeutet: Multipliziere mit dem aus dem Register M zurückgerufenen Wert. Die entsprechende Tastenfolge ist z.B. $\boxed{\times}\!-\!\boxed{M \rightarrow x}$ oder $\boxed{\times}\!-\!\boxed{MR}$ oder $\boxed{\times}\!-\!\boxed{RCL\ \ n}$

$\boxed{M \rightarrow x}$ d.h. mal recall (Rückruf) Register n.

$\boxed{MR}$

$\boxed{RCL\ \ n}$

RAP zu b) (3):

1. Methode: ETR hat mindestens zwei Speicherregister und befolgt die Regel „Punkt- vor Strichrechnung".

Zunächst $\overline{/6,6789/}\!-\!\boxed{\rightarrow R_1}$

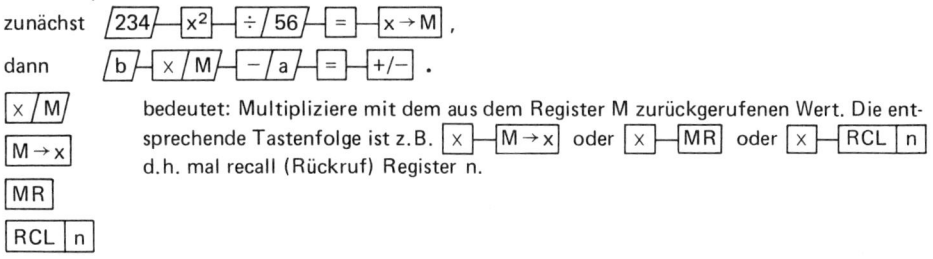

dann

(Ergebnis: 44,29639854)

2. Methode: ETR hat nur einen Speicher (M), verfügt aber über $\boxed{M + x^2}$-Taste, deren Wirkungs-
weise folgender RAP zeigt:

$$\boxed{2{,}34} - \boxed{6{,}6789} = \boxed{M + x^2} \quad ^{1)}$$

$$\boxed{12{,}3} - \boxed{6{,}6789} = \boxed{M + x^2}$$

$$\boxed{15{,}76} - \boxed{6{,}6789} = \boxed{M + x^2} \boxed{M \to x} \div \boxed{3} =$$

Entsprechend wie $\boxed{M + x^2}$ arbeiten die Befehle:

$\boxed{M+}$ $\boxed{M-}$ bzw. $\boxed{\Sigma}$, $\boxed{\Sigma^-}$ oder $\boxed{SUM}$, $\boxed{INV/SUM}$, $\boxed{PROD}$, $\boxed{INV/PROD}$.

Häufig verfügen ETR auch über Austausch-Befehle $\boxed{x \leftrightarrow y}$ $\boxed{x \leftrightarrow M}$ oder $\boxed{EXC}$ ($\hat{=}$ exchange),
die den Datenaustausch zweier Register bewirken (vgl. spezielle Bedienungsanleitung).

1.7. Gemischte Übungen

Zielsetzung: *Planen und sinnvolles Ausfüllen von Tabellen, Hintereinanderausführung von Ver-
knüpfungen (Abbildungen) mit ETR unter Beachtung von Rechengesetzen, Termdarstellungs-
Vereinbarungen und Logik des jeweiligen ETR.*

Aufgaben

1. Erweitere folgende Tabelle und fülle sie aus:

Bele-gung Nr.	a	b	c	Term d	① a + b	② a − b
1	3	5	13	12		
2	4,2	23,7	11,28	11,24		
3	0,3	1,48	25,2	2,56		
4	0,002	10000	999	12,3		
5	0,05	0,003	1000	0,0002		
6	8759	21583	0,3	0,25		
7	−324	10,345	273,645	1025		
8	0,08	−1,34	98,6753	21		
9	2,3456	0,0306	85,96	0,07		
10	−11000	−1,35691	73,28	63,45		
11	0,00001	999999				
12	0,00002	0,0003				
13	20000	30000				

Weitere Terme:

③ $a \cdot b$

④ $a : b$

⑤ $a \cdot b + c$

⑥ $\dfrac{a + b}{c} + d$

⑦ $\dfrac{1}{a} + \dfrac{1}{b}$

⑧ $0{,}815 \, (a^2 + b \cdot c + d^2)$

⑨ $\dfrac{\sqrt{a^2 + b^2 + 2ab}}{100}$

⑩ $\dfrac{a + b}{15{,}9 \cdot c}$

⑪ $\dfrac{1}{2} \cdot ab + c \cdot b + d$

⑫ $\sqrt[8]{a + b + c + d}$

Beachte z.B. $\sqrt[16]{a} = a^{\frac{1}{16}} = a^{\left(\frac{1}{2} \cdot \frac{1}{2} \cdot \frac{1}{2} \cdot \frac{1}{2}\right)} = \left(\left(\left(a^{\frac{1}{2}}\right)^{\frac{1}{2}}\right)^{\frac{1}{2}}\right)^{\frac{1}{2}}$

Vgl. Spalte ① und ⑨! Was fällt auf?

---

[1] RAP mit (Speicher)Benutzung: $\boxed{6{,}6789} \boxed{x \to M_1} \boxed{2{,}34} - \boxed{M_1} = \boxed{M_2 + x^2}$ von *zwei*
Speichern M_1, M_2

a) Vielleicht arbeitest Du mit einem Partner zusammen. (Einer diktiert und notiert, der andere rechnet.)

b) In welcher Reihenfolge füllst Du die Tabelle aus? (Begründung)

c) Forme gegebenenfalls die Terme so um, daß sie sich mit Deinem ETR möglichst einfach berechnen lassen. Gib hierzu den RAP an.

d) Mache Kontrollrechnungen!

e) Rechne „im Kopf", wozu Du den ETR nicht brauchst.

f) Welche Ergebnisse liefert der ETR falsch? Woran liegt das?

2. a) Welche Terme (Ta bis Te) werden durch folgende RAP für *Deinen* ETR dargestellt?

Ta: $\boxed{a}\ \boxed{\times}\ \boxed{b}\ \boxed{=}\ \boxed{\to M}\ \boxed{a}\ \boxed{\times}\ \boxed{c}\ \boxed{+}\ \boxed{M}\ \boxed{=}$

Tb: $\boxed{a}\ \boxed{\times}\ \boxed{b}\ \boxed{+}\ \boxed{a}\ \boxed{\times}\ \boxed{c}\ \boxed{=}$

Tc: $\boxed{b}\ \boxed{+}\ \boxed{c}\ \boxed{\times}\ \boxed{a}\ \boxed{=}$

Td: $\boxed{a}\ \boxed{\times}\ \boxed{a}\ \boxed{\times}\ \boxed{b}\ \boxed{\div}\ \boxed{a}\ \boxed{=}\ \boxed{\to M}\ \boxed{c}\ \boxed{\times}\ \boxed{a}\ \boxed{+}\ \boxed{M}\ \boxed{=}$

Te: $\boxed{c}\ \boxed{\div}\ \boxed{b}\ \boxed{+}\ \boxed{1}\ \boxed{\times}\ \boxed{a}\ \boxed{\times}\ \boxed{b}\ \boxed{=}$

b) Welche RAP sind gleichwertig (leistungsgleich oder äquivalent)? Welche sollte man demnach *nicht* zur Termberechnung verwenden (da sie umständlich, unökonomisch sind)?

3. Angenommen, Dein ETR verfügt über keine Speicher-Register und beherrscht auch nicht die Regel „Punkt- vor Strichrechnung". Forme die Terme so um, daß man sie „in einem Zug" durchrechnen kann:

a) $123 + 456 \cdot 789$ bzw. $a + b \cdot c$

b) $123\,(456 + 789)$ bzw. $a\,(b + c)$

c) $123 \cdot 456 + 123 \cdot 789$ bzw. $a \cdot b + a \cdot c$

d) $123 \cdot 456 + 789 \cdot 147$ bzw. $a \cdot b + c \cdot d$ (wenn z.B. $c \neq 0$)

e) $\dfrac{123}{456} + \dfrac{789}{456}$ bzw. $\dfrac{a}{b} + \dfrac{c}{b}$ ($b \neq 0$)

f) $\dfrac{123}{456} + \dfrac{789}{258}$ bzw. $\dfrac{a}{b} + \dfrac{c}{d}$ ($b, d \neq 0$)

g) $123^2 + 45^2$ bzw. $a^2 + b^2$ (wenn z.B. $a \neq 0$)

h) $\sqrt{123^2 + 45^2}$ bzw. $\sqrt{a^2 + b^2}$ (wenn z.B. $b \neq 0$)

i) $25 + 2 \cdot 15 + 9$ bzw. $a^2 + 2a \cdot b + b^2$

$\boxed{L}$

a) $b \cdot c + a$;

b) $(b + c) \cdot a$

c) $(b + c) \cdot a$

d) $(a \cdot b : c + d) \cdot c$

e) $(a + c) : b$

f) $[(a : b) \cdot d + c] : d$

g) $[(b : a)^2 + 1] \cdot a \cdot a$

h) $\sqrt{(a : b)^2 + 1} \cdot b$

i) $(a + b)^2$

4. a) Welche Terme sind dargestellt bzw. welche Ausgangswerte y sind den Eingangswerten x zugeordnet?

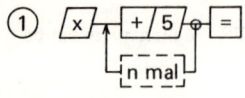

① $\boxed{x} \to \boxed{+/5} \to \boxed{=}$ (n mal)

② $\boxed{x} \to \boxed{x/2} \to \boxed{\div/2} \to \boxed{=}$ (n mal) (m mal)

③ $\boxed{x} - \boxed{x/2{,}5} - \boxed{+/6} - \boxed{=}$

④ $\boxed{x} - \boxed{\div/20} - \boxed{1/x} - \boxed{=}$

⑤ $\boxed{x} - \boxed{-/2{,}3} - \boxed{=} - \boxed{x^2} - \boxed{=}$

⑥ $\boxed{x} - \boxed{-/2{,}3} - \boxed{=} - \boxed{x^2} - \boxed{\div/20} - \boxed{1/x} - \boxed{x/2{,}5} - \boxed{+/6} - \boxed{=}$

⑦ $\boxed{x} - \boxed{x/2{,}5} - \boxed{+/6} - \boxed{\div/20} - \boxed{1/x} - \boxed{-/2{,}3} - \boxed{=} - \boxed{x^2} - \boxed{=}$

b) Notiere die Ergebnisse für selbstgewählte x-, n- und m-Werte.

5. Welche Terme stellen die RAP dar? Bestimme (natürliche Zahlen) n und m so, daß

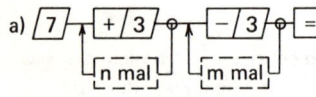

a) $\boxed{7} \to \boxed{+/3} \to \boxed{-/3} \to \boxed{=}$ (n mal) (m mal)   7; 37; 49; −2; bzw. −20 ergibt;

b) $\boxed{2} \to \boxed{+/5} \to \boxed{-/5} \to \boxed{=}$ (n mal) (m mal)   7; 2; 27; −3; bzw. −18 ergibt;

c) $\boxed{n} - \boxed{+/m} - \boxed{=}$ 2, 3, 4 bzw. 5 ergibt;

d) $\boxed{n} - \boxed{-/m} - \boxed{=}$ 2, 3, 4 bzw. 5 ergibt;

e) $\boxed{1} - \boxed{x/n} - \boxed{\div/m} - \boxed{=}$ 2, $\frac{1}{2}$, $\frac{2}{3}$, $\frac{3}{2}$, 20 bzw. $\frac{3}{20}$ ergibt;

f) $\boxed{n} - \boxed{\div/m} - \boxed{=}$ 2, 6, 17 bzw. 24 ergibt.

g) Könnte man in a) ein Wertepaar (n, m) so bestimmen, daß als Ergebnis 15 oder −15 erscheint?

h) Gib die Menge aller (ganzen) Zahlen an, die für beliebige Wertepaare (n, m) als Ergebnisse in Aufgabe 5.a) bzw. 5.b) erscheinen können.

Ⓛ g) 7 + (n − m) · 3 ≠ 15 für alle n und m;
7 + (n − m) · 3 = −15 ⟺ (n − m) · 3 = −21 ⟺ n − m = −7.

h) {7, 10, 13, 16, ..., 4, 1, −2, −5, ...};
{2, 7, 12, 17, ..., −3, −8, −13, −18, ...}.

6. Bestimme n und m so, daß

a) 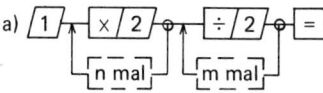   16; 126; 1024 bzw. 0,03125 ergibt;

b) 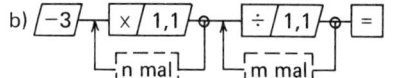   −3,993; −4,83153; −3 bzw. −2,479 ergibt;

c) 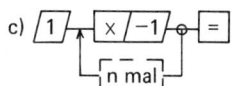   1 bzw. −1 ergibt;

d) 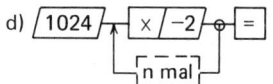   −32768; 1048 576 bzw. −2 097 152 ergibt;

e) 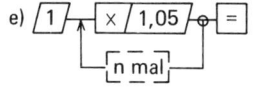   größer als 2 (4 bzw. 8) ist;

f) 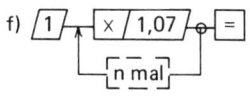   größer als 2 (4 bzw. 8) ist;

g) 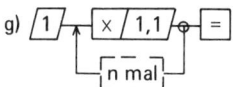   größer als 2 (4 bzw. 8) ist.

Ⓛ   d) 5; 10; −11;   e) 15; 29; 43;
    f) 11; 21; 31;   f) 8; 15; 22.

7. a) Welchen Term stellt der RAP dar?
Bestimme n (im Probier-Verfahren) jeweils so, daß das Ergebnis von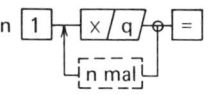
größer als 2 ist, wenn Du für q die Werte 1,01; 1,02; 1,03…1,15
wählst.
Tabelliere die Ergebnisse, erweitere die Tabelle um Ergebnisspalten für $n \cdot q$ und $n \cdot (q-1)$.

b) Bestimme q (im Probierverfahren) auf vier Dezimalstellen genau so, daß $q^{10} = 2$ bzw. $q^{10} = \frac{1}{2}$.

c) Hast Du gemerkt, daß es für q-Werte „nahe bei" 1 eine einfache „Faustregel" zur Berechnung der „Verdopplungszeit" n gibt, d.h. ist $q^n = 2$, dann gilt $n \approx \frac{0,7}{q-1}$ (bzw. $q \approx 1 + \frac{0,7}{n}$)?

8. Falls Du irrtümlich die ⊞-Taste statt einer anderen Funktionstaste gedrückt hast, gibst Du zweckmäßig eine Null ⓪ ein und setzt dann die Rechnung mit der richtigen Funktionstaste fort (evtl. mußt Du jedoch vorher noch die ⊟-Taste betätigen). Begründe dies. Wie fährst Du fort, wenn Du versehentlich ⊟ ⊠ ⊡ y^x $\sqrt[x]{y}$ bzw. $1/x$ x^2 oder $+/-$ gedrückt hast?

1.8. Scherzhaftes oder Ernsthaftes?

Zielsetzung: *Regelmäßigkeiten, Invarianten, Bildungsgesetze sollen einen empirischen Zugang erfahren; Vermutungen sind mit ETR schnell zu exemplifizieren und damit zu bestätigen (verifizieren) oder zu verwerfen (falsifizieren) (Aufgaben 1. bis 7.); Kettenbrüche (Aufgabe 12.) sind mit ETR leicht zu berechnen; geeignete Folgen von Kettenbrüchen „streben sehr schnell einem bestimmten Wert zu" (z. B. schnelle Konvergenz gegen π, e oder „Goldener Schnitt"). Konvergenzverhalten und Divergenzverhalten müssen „erlebt" werden (Aufgaben 11. bis 13.); den „Goldenen Schnitt" (Aufgabe 8.) sollte man rechnerisch annähern und diese Näherungswerte zeichnerisch (mit Rechtecken) darstellen; für „große und kleine Zahlen" kann durch viele Beispiele eine Vorstellung oder ein „Gefühl" entwickelt werden (Aufgaben 14. und 15.). Kombinatorische Aufgaben (Aufgaben 17. und 18.) erfahren durch „unvollständige Induktion" eine formelmäßige Erfassung und schnelle Berechnungsmöglichkeit. Die Hexereien (Aufgabe 19.) zeigen, wie nützlich Rechenregeln und Kopfrechnen sind. Aufgabe 20. gibt Anregungen, wie durch „Zahl-Wort-Spielereien" implizit Symmetriebetrachtungen, Codierungen und Rechenübungen verbunden werden können.*

Aufgaben

1. a) Berechne

$1 \cdot 1 =$

$11 \cdot 11 =$

$111 \cdot 111 =$ usw.

Wie geht das weiter? Begründe (beweise) Deine Vermutung! Stimmt Deine Vermutung wirklich für die Quadrate aller n-stelligen (natürlichen) Zahlen mit n Ziffern 1?

b) Berechne

$123459 \cdot 9 =$, $123459 \cdot 18 =$, $123459 \cdot 27 =$, ... ;

$1234569 \cdot 9 =$, $1234569 \cdot 18 =$, $1234569 \cdot 27 =$, ... ;

$12345679 \cdot 9 =$, $12345679 \cdot 18 =$, $12345679 \cdot 27 =$, ...

2. a) Berechne

(1) $1{,}1^2$; $1{,}01^2$; $1{,}001^2$; ...

(2) $1{,}2^2$; $1{,}02^2$; $1{,}002^2$; ...

(3) $1{,}3^2$; $1{,}03^2$; $1{,}003^2$; ... usw. bis $1{,}9^2$; $1{,}09^2$ ...

(4) $1{,}01^n$ und $1{,}001^n$ mit $n \in \{1, 2, 3, 4\}$.

b) Welche „Gesetze" entdeckst Du? Kontrolliere, argumentiere, beweise! Verfahre ebenso bei den folgenden Aufgaben:

$9 \cdot 0 + 1 =$ $9 \cdot 1 + 2 =$ $9 \cdot 12 + 3 =$ $9 \cdot 123 + 4 =$ $9 \cdot 1234 + 5 =$ ... ,

c) Berechne die fünften Potenzen der Zahlen 1, 2, 3 ... und betrachte die Endziffern.

3. Berechne

a) $1 + 2 =$; $1 + 2 + 3 =$; $1 + 2 + 3 + 4 =$; bis $1 + 2 + 3 + ... 19 + 20 =$ und

$1 + 2 + 2 + 1 =$; $1 + 2 + 3 + 3 + 2 + 1 =$; bis $1 + 2 + 3 + ... 20 + 20 + 19 + ... + 2 + 1 =$

b) $3 + 7 =$; $3 + 7 + 11 =$; $3 + 7 + 11 + 15 =$; bis $3 + 7 + ... + 83 =$ und

$3 + 7 + 7 + 3 =$; $3 + 7 + 11 + 11 + 7 + 3 =$; bis $3 + 7 + ... + 83 + 83 + 79 + ... + 7 + 3 =$

Wie erhält man die Ergebnisse möglichst schnell (rechenökonomisch)? Kannst Du ganz schnell die Ergebnisse für

a) $1 + 2 + 3 + ... + 1000$

bzw.

b) $3 + 7 + 11 + ... + 803$ angeben?

(L) a) $1 + 2 + 3 + \ldots + 1000 = \frac{1}{2} \cdot 1001 \cdot 1000 = 500\,500$

  b) $3 + (3 + 4) + (3 + 2 \cdot 4) + \ldots + (3 + (200 \cdot 4)) = \frac{1}{2}\,(3 + 803) \cdot 200 = 80\,600.$

4. Berechne

a) $1 + 3 = $; $1 + 3 + 5 = $; $1 + 3 + 5 + 7 = $; bis $1 + 3 + \ldots + 99 = $

b) $2 + 4 = $; $2 + 4 + 6 = $; $2 + 4 + 6 + 8 = $; bis $2 + 4 + \ldots + 100 = $

Siehst Du einen Zusammenhang zwischen dem letzten Summand und dem jeweiligen Ergebnis?

5. Es gilt (vgl. Aufgabe 4.a):

$$
\begin{array}{rcl}
\lfloor 1 \rfloor &=& \boxed{1}\\
\lfloor 4 \rfloor &=& \boxed{3} + \lfloor 1\\
\lfloor 9 \rfloor &=& \boxed{5} + \lfloor 4\\
\lfloor 16 \rfloor &=& \boxed{7} + \lfloor 9\\
25 &=& \lfloor 9\rfloor + \lfloor 16\rfloor\\
\end{array}
$$

a) Setze diese Gleichheits-Beziehungen fort. Kannst Du jetzt eine neue Vermutung äußern oder die Vermutung aus Aufgabe 4. erhärten?

b) Ganze Zahlen a, b, c, für die gilt $c^2 = a^2 + b^2$, heißen *Pythagoreische Zahlen*. Gib mindestens drei Pythagoreische Zahlen (Tripel) (a, b, c) an. Wieviele solcher Zahlen gibt es wohl?

(L) a) $1 + 3 + 5 + \ldots + (2n - 1) = n^2.$

  b) Unendlich viele: z.B. mit (3, 4, 5) ist auch (3n, 4n, 5n) mit $n \in \mathbb{N}$ ein pythagoreisches Zahlentripel.

6. a) Erstelle eine Tabelle, die in der ersten Spalte die Zahlen $n \in \{2, 3, 4, \ldots, 30\}$ enthält. In den weiteren Spalten soll jeweils erscheinen:

  $T_{(n)}$ als Menge aller Teiler von n,

  $\tau_{(n)}$ die Anzahl aller Teiler von n (einschließlich 1 und n),

  $\sigma_{(n)}$ die Summe aller Teiler von n,

  $\varphi_{(n)}$ die Anzahl aller zu n teilerfremden Zahlen.

b) Berechne mit dem ETR so weit wie möglich bzw. schätze die Anzahl der Dezimalstellen ab (beachte hierbei $2^{10} \approx 1000$)

  $m(n) := 2^n - 1$ $v(n) := 2^{n-1}(2^n - 1)$ für $n \in \{2, 3, 5, 7, 13, 17, 19, 31\}$

(Tabelle!)

Anmerkung: Die Zahlen $m(n)$ heißen *Mersenne*-Zahlen (Mersenne: 1588–1648). Ist $m(n)$ eine Primzahl (dann muß n auch Primzahl sein), so ist $[2^{n-1} \cdot m(n)]$ eine vollkommene Zahl, für die $\sigma(n) = 2n.$

7. *Carl F. Gauß* (1777–1855) bewies, daß jedes (regelmäßige) F_n-Eck mit $F_n = (2)^{2^n} + 1$ und $n \in \{0, 1, 2, \ldots\}$ mit „Zirkel und Lineal" konstruierbar ist.

a) Berechne (oder schätze die Anzahl der Dezimalstellen) 2^{2^n} für $n \in \{0, 1, 2, 3, 4, 5, 6\}$.

b) *Pierre de Fermat* (1601–1665) vermutete, daß die Zahlen F_n Primzahlen seien. Widerlege diese Vermutung, falls Du einen ETR mit 10-stelliger Anzeige hast. Es sei darauf hingewiesen, daß F_5 durch eine Zahl $k < 1000$ teilbar ist.

(L) $F_5 = 4\,294\,967\,297 = 641 \cdot 6\,700\,417$

8. Gilt für zwei Zahlen g und s die Bezeichnung: $\frac{g}{s} = \frac{s}{g-s}$, so heißt dieses (geometrische) Verhältnis *Goldener Schnitt* (im Mittelalter auch „proportio divina").

a) Man „errate" zu g = 10 cm (bzw. g = 20 cm, g = 30 cm) s auf zwei Dezimalstellen genau. Erstelle einen RAP, wonach g : s mit s : (g − s) verglichen wird.

b) Zeichne ein Rechteck mit den Seiten g und s. (Gefällt Dir das?)

(L) $g = \frac{1}{2} s (\sqrt{5} - 1) = 1{,}618 \cdot s$; $s \approx 0{,}618 \cdot g$;

9. Das arithmetische Mittel A zweier (positiver) Zahlen a und b wird definiert durch $A = \frac{a+b}{2}$ (oder $a - A = A - b$), das geometrische Mittel G durch $G = \sqrt{ab}$ (oder a : G = G : b), das harmonische Mittel H durch $H = 2 \frac{a \cdot b}{a+b}$ (oder H : G = G : A). Erstelle drei Tabellen für A, G, H in Abhängigkeit von $a, b \in \{1, 2, \ldots, 10\}$.

10. Schreibpapier des Formats DIN A 4 hat eine Breite von 21 cm. Seine Höhe ist um einen Faktor $\sqrt{2}$ größer. Berechne Höhe, Breite und Flächeninhalt des DIN A 0 bis DIN A 6 Formats, wobei ein Blatt DIN 0 den doppelten Flächeninhalt eines DIN 1, dieses den doppelten Flächeninhalt eines DIN 2 Blattes usw. hat! Entsprechen die DIN-Formate dem goldenen Schnitt?

Berechne $\left(\frac{b}{h-b} \right) - \left(\frac{h}{b} \right)$.

(L)   DIN A 0 hat die Breite $21 \cdot \sqrt{2} \cdot \sqrt{2} \cdot \sqrt{2} \cdot \sqrt{2}$ cm $= 21 \cdot 4$ cm $= 84$ cm; die Höhe beträgt ca. 118,8 cm ($= \sqrt{2} \cdot 84$ cm).

11. Bei *Fibonacci* (1202) findet man folgende Aufgabe:
Wieviele Kaninchenpaare werden in einem Jahr von einem einzigen Paar ausgehend gezeugt, wenn jedes Paar monatlich ein neues Paar wirft und Kaninchen vom zweiten Monat an gebärfähig sind? Das Urpaar zeugt im ersten Monat das Paar a, welches nach zwei Monaten das Paar b zeugt. Im vierten Monat sind neben a und b ein von a gezeugtes Paar c gezeugt. Danach kommen zu a, b, c weitere zwei Paare von a und b hinzu usw.

a) Man erstelle einen RAP und berechne die weiteren Glieder der Folge: 1; 1; 2; 3; 5; ... bis zum 12-ten (24-ten, 36-ten) Glied a_{12} (a_{24} bzw. a_{36}).

b) Ergänze: $a_1 = 1$; $a_2 = 1$ und $a_{n+2} = \ldots$ für alle $n \in \mathbb{N}$.

c) Bilde $\frac{a_{n+1}}{a_n}$ und $\frac{a_n}{a_{n+1} - a_n} - \frac{a_{n+1}}{a_n}$ für $n \in \{1, 2, 6, 12, 24\}$ und vergleiche mit Aufgabe 8. zum Goldenen Schnitt; welchem Wert „strebt" der Quotient $\frac{a_{n+1}}{a_n}$ zu?

(L) $a_{11} = 89$; $a_{12} = 144$; $a_{23} = 28657$; $a_{24} = 46368$

12. a) Es sei $a_1 = 1$; $a_2 = 1 - \frac{1}{3}$; $a_3 = 1 - \frac{1}{3} + \frac{1}{5}$; $a_4 = 1 - \frac{1}{3} + \frac{1}{5} - \frac{1}{7}$. (Wie geht das wohl weiter?)

Berechne a_5, a_6, ... bis a_{10}! Erstelle einen RAP zur Berechnung von a_{n+1}, wenn a_n bereits bekannt ist. Ergänze $a_1 = 1$ und $a_{n+1} = a_n + \ldots$ für $n \in \mathbb{N}$.

b) Bearbeite ebenso

$$a_1 = 1; \quad a_2 = 1 + \frac{1}{4}; \quad a_3 = 1 + \frac{1}{4} + \frac{1}{9}; \quad a_4 = 1 + \frac{1}{4} + \frac{1}{9} + \frac{1}{16} \ldots$$

c) ebenso:

$$a_1 = 1; \quad a_2 = 1 + \frac{1}{n}; \quad a_3 = 1 + \frac{1}{n} + \frac{1}{n^2}; \quad a_4 = 1 + \frac{1}{n} + \frac{1}{n^2} + \frac{1}{n^3} \quad \text{mit } n \in \{0,1; 0,5; 1; 1,5; 2\}$$

d) ebenso: $a_1 = \frac{1}{2}$; $a_2 = \frac{1}{2} + \frac{1}{2} \cdot \frac{1}{3 \cdot 2^3}$; $a_3 = \frac{1}{2} + \frac{1}{2} \cdot \frac{1}{3 \cdot 2^3} + \frac{1}{2} \cdot \frac{3}{4} \cdot \frac{1}{5 \cdot 2^5}$;

$$a_4 = \frac{1}{2} + \frac{1}{2} \cdot \frac{1}{3 \cdot 2^3} + \frac{1}{2} \cdot \frac{3}{4} \cdot \frac{1}{5 \cdot 2^5} + \frac{1}{2} \cdot \frac{3}{4} \cdot \frac{5}{6} \cdot \frac{1}{7 \cdot 2^7}.$$

(L)

Konvergenz soll erlebt werden!

a) konvergiert gegen $\frac{\pi}{4}$;

b) gegen $\pi^2 : 6$;

c) konvergiert für $n > 1$

13. Berechne ohne zu speichern:

a) $1 + \frac{1}{2}$; $\quad 1 + \cfrac{1}{2 + \cfrac{1}{2}}$; $\quad 1 + \cfrac{1}{2 + \cfrac{1}{2 + \cfrac{1}{2}}}$; $\quad 1 + \cfrac{1}{2 + \cfrac{1}{2 + \cfrac{1}{2 + \cfrac{1}{2}}}}$; $\quad 1 + \cfrac{1}{2 + \cfrac{1}{2 + \cfrac{1}{2 + \cfrac{1}{2 + \cfrac{1}{2}}}}}$

z.B. $\boxed{2}\!-\!\boxed{1/x}\!-\!\boxed{+/2}\!-\!\boxed{=}\!-\!\boxed{1/x}\!-\!\boxed{+/2}\!-\!\boxed{=}$ ...

b) $2 + \frac{1}{1}$; $\quad 2 + \cfrac{1}{1 + \cfrac{1}{2}}$; $\quad 2 + \cfrac{1}{1 + \cfrac{1}{2 + \cfrac{1}{1}}}$; $\quad 2 + \cfrac{1}{1 + \cfrac{1}{2 + \cfrac{1}{1 + \cfrac{1}{1}}}}$; $\quad 2 + \cfrac{1}{1 + \cfrac{1}{2 + \cfrac{1}{1 + \cfrac{1}{4 + \cfrac{1}{1}}}}}$

c) $3 + \frac{1}{7}$; $\quad 3 + \cfrac{1}{7 + \cfrac{1}{15}}$; $\quad 3 + \cfrac{1}{7 + \cfrac{1}{15 + \cfrac{1}{1}}}$; $\quad 3 + \cfrac{1}{7 + \cfrac{1}{15 + \cfrac{1}{1 + \cfrac{1}{292}}}}$; $\quad 3 + \cfrac{1}{7 + \cfrac{1}{15 + \cfrac{1}{1 + \cfrac{1}{292 + \cfrac{1}{1}}}}}$.

d) $1 + \cfrac{1}{1 + \cfrac{1}{1}}$; $\quad 1 + \cfrac{1}{1 + \cfrac{1}{1 + \cfrac{1}{1}}}$; $\quad 1 + \cfrac{1}{1 + \cfrac{1}{1 + \cfrac{1}{1 + \cfrac{1}{1}}}}$; $\quad 1 + \cfrac{1}{1 + \cfrac{1}{1 + \cfrac{1}{1 + \cfrac{1}{1 + \cfrac{1}{1}}}}}$ ... .

(L)   Kettenbrüche zur Approximation von:

a) $\sqrt{2}$;   b) $e \approx 2{,}718$;   c) π;   d) vgl. Aufgabe 8. $g : s \approx 1{,}618$.

14. „Große" und „kleine" Zahlen

a) Berechne Dein Lebensalter (nur „volle" Jahre) in Tagen, Stunden, Sekunden.

b) Wieviele Kügelchen mit einem Durchmesser von 1 mm muß man aneinanderreihen, damit eine Kette der Länge 1 m, 1 km, 40 000 km (Erdumfang) entsteht?

15. a) Eine „Lichtsekunde" ist der vom Licht in einer Sekunde zurückgelegte Weg von 300 000 km. Wieviele Kilometer sind 1 Lichtstunde, 1 Lichtjahr, wieviele Lichtsekunden entsprechen 1 km, 1 m, 1 mm?

b) Der (Bohrsche) Radius eines (Wasserstoff) Atoms beträgt $0{,}529 \cdot 10^{-8}$ cm. Wieviele dieser Atom-Kügelchen aneinandergelegt haben eine Länge von 1 cm? Wieviele passen auf eine Fläche von $\frac{1}{3}$ cm^2 bzw. 1 m^2, wieviele in einen Behälter mit dem Volumen von 1 cm^3, bzw. 1 m^3?

c) Wieviele dieser Kügelchen können in einem „Mol" mit dem Volumen 22,4 l dicht gepackt werden?

22,4 l eines Gases enthalten $6{,}02 \cdot 10^{23}$ Moleküle, wieviel Platz hat jedes Molekül?

d) Der kugelförmige „Kern" eines Atoms hat einen Durchmesser von etwa 10^{-12} cm. Beantworte hierfür entsprechende Fragen wie in a). Wie groß ist das Verhältnis des Atomvolumens zum Kernvolumen?

e) Wie schwer ist ein Körper mit dem Volumen 1 cm^3 (1 m^3), wenn dieser nur aus Atomkernen besteht? (Die (schwere) Masse des (Wasserstoff) Atomkerns beträgt etwa 10^{-24} g.)

(L)   c) Jedes Wasserstoffatom ($r = 0{,}529 \cdot 10^{-8}$ cm) belegt den Platz eines Würfels mit dem Volumen $(2r)^3 \approx 1{,}18 \cdot 10^{-24}$ cm^3. In einem Mol finden ca. $1{,}89 \cdot 10^{28}$ Wasserstoffatome Platz. In einem Mol hat ein Molekül ca. $3{,}72 \cdot 10^{-20}$ cm^3 Platz, das entspricht einem Würfelchen mit der Kantenlänge von ca. $3{,}34 \cdot 10^{-7}$ cm.

e) $1 : (10^{-12})^3 \cdot 10^{-24}$ g $= 10^{12}$ g $= 10^9$ kg $= 10^6$ t $= 1\ 000\ 000$ t (Tonnen) wiegt 1 cm^3 „Wasserstoffkerne"!

16. a) Wähle eine nicht negative Zahl x und berechne jeweils die ersten zehn Glieder der Folge (RAP): $a_1 = x$

$a_{n+1} = (a_n^2 + x) : (2a_n)$ für $n \in \mathbb{N}$.

Tabelliere die Ergebnisse und vergleiche a_{10} mit $\sqrt{x}$.

b) Wähle speziell $x = 0$ und $a_1 = 1$. Welche Folge erhält man jetzt?

(L)   Angenähert wird $\sqrt{a}$ (nach Heron-Formel bzw. Newton-Iteration)

17. Auf 2 (3, 4, 5 bzw. n) Stühlen sollen gleich viele Personen Platz nehmen. Wieviele verschiedene Sitzordnungen gibt es? Bei 2 Stühlen und 2 Personen gibt es die beiden Sitzordnungen

$$\frac{\text{Stuhl}}{\text{Person}} \quad \left(\begin{array}{c|c} A & B \\ \hline a & b \end{array}\right) \quad \text{bzw.} \quad \left(\begin{array}{c|c} A & B \\ \hline b & a \end{array}\right) \quad \text{(vgl. Abschnitt: Statistik und Wahrscheinlichkeit)}.$$

Bei 3 Stühlen und 3 Personen kann sich c auf Stuhl C setzen, wobei a, b genau ... Platzverteilungen haben. Da c aber auch auf Stuhl B bzw. A sitzen kann, gibt es insgesamt ... Sitzordnungen. Bei 4 Stühlen und gleich vielen Personen gibt es ... verschiedene Sitzordnungen.

Man definiert:

$\boxed{x!}$ $n! = 1 \cdot 2 \cdot 3 \cdot \ldots \cdot n$ für $n \in \mathbb{N}$ $n!$ lies: „n – Fakultät".

Berechne:

a) $5!;\ 6!;\ \ldots 10!;$ b) $\dfrac{1}{5!};\ \dfrac{1}{6!};\ \ldots \dfrac{1}{10!}$ c) $1 + \dfrac{1}{1!} + \dfrac{1}{2!} + \dfrac{1}{3!} + \ldots + \dfrac{1}{10!}$.

Notiere hierzu alle Zwischenergebnisse! Erstelle einen RAP für $(n+1)!$, wenn $n!$ schon bekannt ist. Ergänze hierzu noch $(n+1)! = \ldots$

18. a) Wieviele maximal 4- (5- bzw. n-)stellige Dezimalzahlen gibt es? Wie hoch ist die Gewinnchance, die „richtige" 7-stellige Zahl zu erraten.

   b) Wieviele maximal 2- (3- bzw. n-)stellige Zahlen gibt es, bei denen nur die Ziffern 0 und 1 (bzw. 0,1 und 2) auftreten? Wieviele Totoscheine (11 Felder mit je 3 Möglichkeiten) muß man ausfüllen, damit man mit Sicherheit „11 Richtige" hat?

   c) Wieviele Term-Belegungen für $a + b + c + d$ kann man bilden, indem die vier Variablen mit den acht Werten 0, 1, 2, 3, 4, 5, 6 bzw. 7 belegt werden? (Beachte: Die Termbelegung $1 + 2 + 3 + 0$ ist verschieden von der Belegung $2 + 1 + 3 + 0$ bzw. $0 + 0 + 0 + 6$ usw.)

   d) Beim Lotto „6 aus 49" gibt es $\dfrac{49 \cdot 48 \cdot 47 \cdot 46 \cdot 45 \cdot 44}{\cdot\ 2 \cdot 3 \cdot 4 \cdot 5 \cdot 6}$ mögliche „Tips".

   Wieviele Lottoscheine muß man ausfüllen, um mit Sicherheit sechs „Richtige" zu haben? Wie steht es mit den Aussichten bei einem Spiel „6 aus 45"? Bei welchem Spiel „7 aus 49" oder „42 aus 49" sind die Chancen größer?

   a) Maximal 4-stellig sind die 10^4 Dezimalzahlen 0, 1, ..., 9999; allgemein: es gibt 10^n maximal n-stellige Dezimalzahlen.

   b) 2^n; 3^n; mindestens $3^{11} = 177\,147$ Totoscheine.

   c) $4^8 = 65\,536$.

   d) $49 \cdot 48 : 2\ \cdot 47 : 3 \cdot 46 : 4 \cdot 45 : 5 \cdot 55 : 6 = 13\,983\,816$;
   bei 6 aus 45 gibt es $45 \cdot 44 : 2 \cdot 43 : 3 \cdot 42 : 4 \cdot 41 : 5 \cdot 40 : 6 = 8\,145\,060$ Möglichkeiten; „7 aus 49" ist gleichwertig zu „42 aus 49".

19. Hexerei? ETR contra Kopfrechnen!

   a) Gib eine Zahl von 1 bis 499 in den ETR ein! (z.B. 234) Multipliziere mit 54 (z.B. 12636) Multipliziere nun mit 37 und nenne das Ergebnis (z.B. 467532). Deine Zahl war 234 $(= \frac{1}{2}(1000 - 532))$, d.h. die Hälfte der Differenz zwischen 1000 und der aus den letzten drei Ziffern des Ergebnisses gebildeten Zahl. (Dabei rechne ich natürlich „im Kopf".) Variante: Man wähle statt 54 auch 27, statt 37 auch 74! und lasse sich ab der vierten alle wichtigen Ziffern nennen (z.B. $234 = \frac{1}{2}(467 + 1)$).

   b) Entsprechend wie a) wähle eine Zahl zwischen 1 und 150, multipliziere diese mit 857 und danach mit 7. Nenne das Ergebnis (z.B. 893851). Deine Zahl war 149 = 1000 – 851.

   c) Wähle eine Zahl zwischen 100 und 997, multipliziere mit 37, addiere 111 und multipliziere das Ergebnis mit 27. Wie lautet das Ergebnis? Z.B. Ergebnis: 103896; Deine Zahl war 101. (Streichen der letzten drei Ziffern, diese Zahl wird um 2 vermindert – natürlich im Kopf!)

(L) a) $a \cdot 54 \cdot 37 = a \cdot (2000 - 2) = 2 \cdot a \, (1000 - 1) = 2 \cdot 1000 \cdot a - \underline{2 \cdot a}$.

　　　(z. B.) $= 467\,532 = 468\,000 - (\underline{1000 - 532})$.

　　b) $857 \cdot 7 = 5999 = 6000 - 1$;

　　c) $(a \cdot 37 + 111) \cdot 27 = a \cdot 999 + 2997 = \underline{a} \cdot 1000 + (\underline{3000 - a - 3})$

　　　(z. B.) $= 103\,896 = \underline{101}\,000 + (\underline{2000 + 896})$.

20. Gib in den ETR nacheinander die Ziffern 0, 1, 2, ..., 9 ein. Drehe den ETR (um 180°) so, daß das Anzeigeregister jetzt unten ist.

a) Fülle die Tabelle weiter aus:

der *Ziffer* entspricht	0	1	2	3	4	5	6	7	8	9
nach Drehung der *Buchstabe*			Z	H						

b) Bilde möglichst viele sinnvolle Wörter (Namen), die Du mit dem ETR in Großbuchstaben schreiben kannst. Schreibe neben jedes Wort die Zahl, die Du hierfür eintippen mußt.

c) Welche Namen (in Großbuchstaben) kannst Du mit dem ETR schreiben, welche nicht?
Bodo, Bob, Bella, Bibo, Dieter, Dolli, Else, Elli, Ellen, Hilde, Hilli, Heidi, Holger, Ida, Ille, Ilse, Inge, Ivor, Ingo, Ilse, Otto, Olli, Sabine, Silke. (Endet ein Wort mit „0", so drücke zuerst ⌊·⌋.)

d) Löse folgende Rätsel: Wie verstehst Du die Zeichen ⊕ , ⊖ , ⊙ ?

ZIEL ⊕ ☐ = ZIELE　　　　　LIEBE ⊖ ☐ = LOOS

LIEBE ⊖ 31179 = ☐　　　　LOOSE ⊖ 30 000 = ☐

35137 + 0,135 = ☐　　　　SOLEI ⊕ 23700 = ☐

4277,1785 ⊙ SHELL = ☐　　BLEIBE ⊖ ☐ = BEI·LIESE(L)

e) Bilde weitere Rätsel mit den „Dreh-Zahl-Wörtern"; interpretiere auch „Ƃ" als Großbuchstabe „G".

(L) Bei, bis, Bill, Bibo, Bob, Beil, Bibel, Biblis, Bisse, beiße, bleibe, belle, Blöße, Bohle, Blei; Ei, Eis, Esel, Eile, Eibe, Elbe, Elbeis, Elle, Elli, Esso; Hose, Hohl, Hole, Heiß; Ilse; Leib, Lieb, Liebe, Loos, lose, Lob, lobe, Lisel, Leise, Lesbos, löse; ob, Olli; Sie, sei, so, SoS, Solei, Sohle, Shell, Sieb, Seil, Silo, Solo, Sole; Zoo, Ziel, Ziele, ziehe, Zeile.

1.9. Schätzen, Runden, Fehler

Zielsetzung: *Der ETR ist ein von Menschen gemachtes Rechenhilfsmittel, welches als „black-box" nach vorgegebenen, „fest verdrahteten" Regeln genau das tut, was der Mensch ihm aufträgt. Dabei sind diese Regeln manchmal ungenau, (Näherungs- Algorithmen z.B. bei der Berechnung von Wurzeln); häufig wird der ETR auch fehlerhaft bedient. Kritischer Umgang mit ETR ist anzustreben. Folgende Begriffe sollen hier erklärt und gefestigt werden; Bedienungsfehler, Rechner-interne-Fehler, Überschlagsrechnung, Schätzen, Runden, 5/4-Rundung, Underflow, absoluter und relativer Fehler bei (digitaler) Zahldarstellung.*

Beim Rechnen mit ETR treten Fehler auf durch

a) falsches Eingeben (oder Ablesen) von Zahlen,
b) falsche Bedienung der Tastatur,
c) Überschreitung der Rechenkapazität des ETR,
d) Ungenauigkeiten des ETR (z.B. bei der Bestimmung von $\sqrt{2}$).

Wegen der Fehlerquellen a) und b), die im Gegensatz zu c) und d) vom Benutzer und nicht vom ETR abhängig sind, sollte man z.B.

(1) Kontrollrechnungen (,,Noch-mal-Rechnen" gegebenenfalls durch den Partner),
(2) Überschlagsrechnungen (Schätzung) durchführen und
(3) auf ,,Rechenproben" zurückgreifen.

Beispiele:

a) $24382 + 7935 \approx 24000 + 7000 = 31000$, hierbei sind nur ,,volle Tausender" interessant; oder $24382 + 7935 \approx 24000 + 8000 = 32000$, hierbei wird auf volle Tausender nach der *5/4-Rundung* (auf- bzw. ab-)gerundet. D. h. man erhöht die letzte interessierende Ziffer um 1, wenn die nachfolgende Ziffer größer oder gleich 5 ist; im anderen Fall bleibt sie unverändert.

b) $24383 \cdot 7935 > 20000 \cdot 7000 = 140\,000\,000 = 2 \cdot 10^4 \cdot 7 \cdot 10^3 = 14 \cdot 10^7$.

Zudem muß die letzte Ziffer 5 sein ($3 \cdot 5 = 15$). Liefert z.B. ein 8-Stellen Rechner (ohne Rundungsautomatik) als Ergebnis 19347910, so lautet das richtige Ergebnis 193479105. Ein ETR mit 8-stelliger Anzeige, der über 5/4-Rundungsautomatik verfügt, würde jedoch 19347911 anzeigen!

Anmerkung: Die meisten ETR rechnen mit automatischem *Underflow*, d.h. von einem Ergebnis mit mehr als 8 (10, 12) Dezimalziffern erscheinen nur die ,,wichtigsten" 8 (10, 12) Ziffern im 8 (10 bzw. 12)-stelligen Anzeigeregister; die übrigen werden ,,abgeschnitten". (Evtl. nach entsprechender ,,Rundung".)

Berechne mit dem ETR und vergleiche mit den Überschlagsrechnungen, die grundsätzlich mit *einer* gültigen Ziffer erfolgen:

genaues Ergebnis	5/4 Rundung *beider* Zahlen	eine Zahl *auf-* die andere *abrunden*	beide Zahlen aufrunden bzw. beide Zahlen abrunden
$823 \cdot 67 =$	$800 \cdot 70 = 56\,000$	$800 \cdot 70 = 56\,000$ bzw. $900 \cdot 60 = 54\,000$	$900 \cdot 70 = 63\,000$ bzw. $800 \cdot 60 = 48\,000$
$949 \cdot 64 =$	$900 \cdot 60 =$	$900 \cdot 70 =$ bzw. $1000 \cdot 60 =$	$1000 \cdot 70 =$ bzw. $900 \cdot 60 =$
$752 \cdot 64 =$	$800 \cdot 60 =$	$800 \cdot 60 =$ bzw. $700 \cdot 70 =$	$800 \cdot 70 =$ bzw. $700 \cdot 60 =$
$8{,}34 \cdot 26{,}9 =$	$8 \cdot 30 =$		
$\dfrac{823}{67} =$	$\dfrac{800}{70} \approx 11$	$\dfrac{800}{70} \approx 11$ bzw. $\dfrac{900}{60} = 15$	$\dfrac{900}{70} \approx 13$ bzw. $\dfrac{800}{60} \approx 13$
$\dfrac{949}{64} =$			
$\dfrac{752}{64} =$			
$\dfrac{8{,}34}{26{,}9} =$			

> **Merke:** Beim Überschlags-Kopfrechnen mit gerundeten Zahlen ist es günstig
> a) bei der Multiplikation einen Faktor auf- und den anderen abzurunden (entgegengerichtetes Runden);
> b) bei der Division entweder Dividend *und* Divisor abzurunden oder *beide* aufzurunden (gleichgerichtetes Runden).

Wie groß ist der Fehler in der Anzeige eines Anzeigeregisters, wenn er als Ergebnis für $2000 \cdot 30000$ bzw. $2000 \cdot 300000$ bzw. $2 \cdot 10^7 \cdot 3 \cdot 10^5$ jeweils $60\,000\,000$ anzeigt?

> **Merke:** Der (absolute) Fehler eines (beliebigen) ETR kann beliebig groß werden. Hierbei ist der (absolute) Fehler f erklärt als Differenzbetrag zwischen richtigem Wert w und angezeigtem Wert a: $f = w - a$, für $w \geq a$ sonst $f = a - w$ kurz: $f := |w - a|$

Für die Genauigkeit eines Rechners sagt also die Größe eines (absoluten) Fehlers in einer Ergebnisanzeige überhaupt nichts aus.

Beispiele für ein 8-stelliges Anzeige-Register:

wahrer Wert W	angezeigter Wert a	absoluter Fehler $f = |w - a|$	relativer Fehler $r = \dfrac{f}{a}$
56781234,8	56781234	0,8	$\approx 1,4 \cdot 10^{-8} = 0,14 \cdot 10^{-7}$
−56781234,8	−56781234	0,8	$\approx 1,4 \cdot 10^{-8} = 0,14 \cdot 10^{-7}$
12345678	12345678	0	$0 \qquad\quad = 0 \cdot 10^{-7}$
12345678,123	$12345678 \cdot 10^3$	$0,123 \cdot 10^3$	$\approx 10^{-8} \qquad = 0,1 \cdot 10^{-7}$
9999,999987	$99999999 \cdot 10^{-4}$	$0,87 \cdot 10^4$	$\approx 8,7 \cdot 10^{-9} = 0,087 \cdot 10^{-7}$
10000000,999 ...	10000000	1	$10^{-7} \qquad = 1 \cdot 10^{-7}$

Anmerkung: Zahlen mit mehr als 8 Ziffern werden so mit einer Potenz von 10 multipliziert, daß in der Anzeige eine ganze Zahl erscheint.

Wir sehen, daß der relative Fehler bei einem 8-stelligen Anzeige-Register, in dem also acht gültige Ziffern abgespeichert werden können, einen maximalen Wert von $r_{max} = \frac{1}{10} = 10^{-7}$ nicht übersteigt.

> **Merke:**
> a) Für ein n-stelliges Anzeige-Register beträgt der maximale relative Fehler
> $$r_{max}(n) = \frac{1}{10^{n-1}} = 10^{-(n-1)}.$$
> b) Manche ETR haben zum Rechnen und Zwischen-Speichern *Rechen-Register* von größerer Stellenzahl als die ihres Anzeige-Registers. Ihre Rechengenauigkeit ist dementsprechend größer als ihre Anzeigegenauigkeit.

ETR mit automatischem Underflow, jedoch ohne Rundungsautomatik und mit gleicher Anzeige-
und Rechengenauigkeit, erzeugen häufig augenfällige Fehler; z.B.

$$\left(\frac{1}{3}\right) \cdot 3 = 0.9999999; \qquad (\sqrt{2})^2 = 1.9999998$$

$$\left(\frac{1}{7}\right) \cdot 7 = 0.9999997; \qquad ((\sqrt{\sqrt{2}})^2)^2 = 1.9999989$$

$$\left(\frac{1}{17}\right) \cdot 17 = 0.9999995 \qquad (2^{10})^{\frac{1}{10}} = (1023.998)^{\frac{1}{10}} = 1.999999$$

$$\left(\frac{1}{47}\right) \cdot 47 = 0.9999955 \qquad \left[\left(\frac{1}{800} : 250\,000\right) \cdot 125\right] \cdot 750\,000 = 0$$

$$\left(\frac{1}{2999}\right) \cdot 2999 = 0.9998666 \qquad \uparrow \quad \text{vgl.:} \quad \left(\frac{750\,000}{250\,000}\right) \cdot \left(\frac{125}{800}\right) = \frac{3}{1} \cdot \frac{125}{800} = 0{,}46875$$

1.10. Winkelfunktionen

Zielsetzung: *Trigonometrische Funktionen werden als „invariante Seitenverhältnisse" ähnlicher
Dreiecke erklärt. Die interessierenden Zuordnungen „Winkelmaß → Seitenverhältnis" leisten ent-
sprechende Operatoren* $\boxed{\text{sin}}$, $\boxed{\text{cos}}$, $\boxed{\text{tan}}$, $\boxed{\text{cot}}$. *Die Umrechnung von Altgrad in (Neugrad und)
Radian (Bogenmaß) und die Ermittlung der zugehörigen trigonometrischen Funktionswerte sind
vielfach zu üben, die Daten sind in Wertetabellen und Koordinatendarstellung zu erfassen. Viele
Beispiele und besonders die ermittelten Funktionsschaubilder (Graphen) sollen die „Vorstellung"
der funktionalen Zusammenhänge vertiefen. „Trigonometrische Tafeln" (Tabellen) werden durch
den ETR überflüssig. Ferner wird z.B.* $\sin\alpha \to \alpha$ *als nicht eindeutige Zuordnungsvorschrift für die
„arc sin-Zuordnung" (nicht „Funktion") erkannt, die der ETR nach der Tastenfolge* $\boxed{\text{arc}}\!-\!\boxed{\text{sin}}$
bewirkt.

Aufgaben

1. Zeichne jeweils drei verschiedene rechtwinklige Dreiecke mit einem Winkel α der Größe $15°$, $30°$,
$45°$ bzw. $60°$.
Miß die „Hypothenuse" (längste Seite) r, die „An-Kathete" a (Seite, die mit r Winkel α einschließt)
und die „Gegen-Kathete" g.
Bilde jeweils die Verhältnisse

$$s := \frac{g}{r}; \quad c := \frac{a}{r}; \quad t := \frac{g}{a};$$

Notiere die Ergebnisse in einer Tabelle.
Was stellt man bei den Werten für s, c und t
bei gleichen Winkeln α fest?

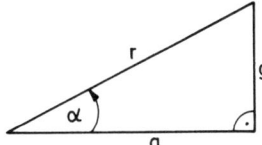

2. Zeichne einen Kreis mit dem Radius r = 1
(10 cm oder 1 „Längeneinheit"), in den
ein Dreieck gemäß nebenstehendem Bild
eingezeichnet wird.
Welche Größe a, g, a – g, a·g; $\frac{a}{g}$, usw.
sind für den Winkel α charakteristisch?
Welche „Sonderfälle" für α gibt es?

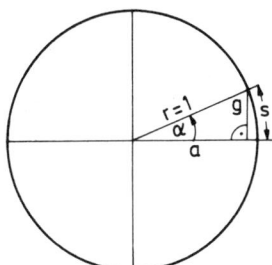

Merke: Man definiert (sin α sprich „sinus-alpha"):

$\sin \alpha := \dfrac{g}{r}$ („Gegenkathete zu Hypothenuse")

$\cos \alpha := \dfrac{a}{r}$ („Cosinus alpha gleich Ankathete zu H.")

$\tan \alpha := \dfrac{g}{a}$ („tangens alpha gleich Gegen-zu Ank.")   und

$\cot \alpha := \dfrac{a}{g}$ („cotangens alpha …")

3. Bestimme aus der für Aufgabe 2. angefertigten Zeichnung $\sin \alpha$, $\cos \alpha$, $\tan \alpha$, $\cot \alpha$, für die α-Werte $15°$; $30°$; $45°$, …, $90°$, $105°$, $120°$…$360°$. Bewerte die nach „links zeigenden" Ankatheten mit negativem Vorzeichen, entsprechend nach „unten zeigende" Gegenkatheten, d.h. z.B. $\sin 100° < 0$; $\sin 200° > 0$; $\sin 300° < 0$.

Merke: Zu jedem Winkelwert α zwischen $0°$ und $360°$ gehört genau ein sin- (cos-, tan- bzw. cot-) Wert. Die Zuordnung von Winkelwert α zum Funktionswert $\sin \alpha$ leistet beim ETR die $\boxed{\sin}$-Funktionstaste. Entsprechendes gilt für die $\boxed{\cos}$- und $\boxed{\tan}$-Funktionstaste.

Wegen $\cot \alpha = \dfrac{a}{g} = \dfrac{1}{\frac{g}{a}} = \dfrac{1}{\tan \alpha}$ für $a \neq 0$

sind $\boxed{\alpha}\!\!-\!\!\boxed{\cot}$

und $\boxed{\alpha}\!\!-\!\!\boxed{\tan}\!\!-\!\!\boxed{1/x}$ gleichwertige RAP.

4. Überprüfe nun mit Hilfe der Winkel-Funktionstasten des ETR die in Aufgabe 3. bestimmten Funktionswerte. Wie kann man die tan-Werte berechnen, wenn Dein ETR nur über $\boxed{\sin}$ und $\boxed{\cos}$ Funktionstasten verfügt?

5. Als Winkel-Maß dient nicht nur das Gradmaß, bei dem ein „rechter Winkel" $90°$, ein „Vollkreis" $360°$ mißt. Neben diesen *Alt-Gradmaß* gibt es seit 1937 das in der Geodäsie vielfach angewandte *Neugradmaß* (α^g), bei dem ein rechter Winkel 100^g (lies 100-Neugrad) mißt.

Es gilt $\boxed{\dfrac{\alpha°}{\alpha^g} = \dfrac{90}{100}} = 0{,}9$ bzw. $\boxed{1° = 0{,}9^g \quad 1^g \approx 1{,}1°}$

Berechne für die Alt-Grad-Werte der Winkel in Aufgabe 3. die Neu-Grad-Werte α^g.

Beachte: Verfügt Dein ETR über die Winkel-Funktions-Berechnung bei Eingabe von Alt- und Neu-Grad-Maß, so beachte den entsprechenden Schalter, z.B. $\boxed{\alpha° \blacktriangle \alpha^g}$. Entsprechendes gilt für die Winkelmessung im „*Bogenmaß*" (vgl. Bild zu Aufgabe 2.). Zu $\alpha° = 90°$ gehört der (Viertelkreis-) Bogen $s = \frac{1}{4} \cdot 2\pi r$, zu $\alpha° = 180°$ gehört der Bogen $s = \pi r$, zu $\alpha° = 360°$ gehört der Bogen $s = 2\pi r$. Die (reelle) Zahl $\widehat{\alpha} := \dfrac{s}{r}$ ist ein charakteristisches Maß für den Winkel α; ihre Benennung ist „radian".

Es gilt: $\boxed{\dfrac{\widehat{\alpha}}{\alpha°} = \dfrac{2\pi}{360}} = \dfrac{\pi}{180}$ bzw. $\boxed{1 \text{ rad} \approx 57{,}3°}$ $\boxed{1° \approx 0{,}0175 \text{ rad}}$

Beachte gegebenenfalls den Umschalter, z. B.

$$\boxed{\text{rad} \blacktriangle \measuredangle} \quad \text{oder} \quad \boxed{\text{R} \blacktriangle \text{D}} \quad \text{oder} \quad \boxed{\begin{array}{c}\text{Rad} \\ \blacktriangleleft \\ \text{Deg}\end{array}}$$

Erstelle eine Tabelle, die für die Winkelgröße $n \cdot 15°$ mit $n \in \{0, 1, 2, \ldots, 30\}$ die entsprechenden Neugrad-, Bogenmaß-, sin-, cos-, tan- und cot-Werte enthält.

6. Zeichne für $0° \leq \alpha \leq 720°$ in (je) einem Koordinatensystem den (funktionalen) Zusammenhang zwischen

a) Altgrad und Neugrad,

b) Altgrad und Bogenmaß,

c) Altgrad (Bogenmaß) und sin- (cos-, tan- bzw. cot-)Werten. (Vgl. 4. Anhang, Seite 119.)

7. Ein Winkel mit dem Maß $390°$ ist deckungsgleich mit einem solchen vom Maß $30°$ bzw. $-330°$. Man identifiziert zwei Winkel α_1 und α_2, deren Maße sich nur um ein ganzzahliges Vielfaches von $360°$ (Vollkreis) bzw. 2π unterscheiden, d. h. α_1 gleich α_2 genau dann, wenn

$$\alpha_1 - \alpha_2 = Z \cdot 360° \qquad (\alpha \text{ im Gradmaß, } Z \text{ als ganze Zahl})$$

bzw. $\alpha_1 - \alpha_2 = Z \cdot 2\pi \qquad (\alpha \text{ im Bogenmaß, } Z \text{ als ganze Zahl}).$

a) Bestimme[1] mit dem ETR α im Bogen- bzw. Gradmaß so, daß gilt

$\sin\alpha = 0,5; \ \sin\alpha = -0,5; \ \sin\alpha = 0,866; \ \sin\alpha = -0,866;$

$\cos\alpha = 0,866; \ \cos\alpha = -0,866; \ \cos\alpha = 0,701; \ \cos\alpha = -0,999;$

$\tan\alpha = 0,577; \ \tan\alpha = -0,577; \ \tan\alpha = 1; \ \tan\alpha = 57,3;$

$\cot\alpha = 0,577; \ \cot\alpha = -1,73; \ \cot\alpha = 0,0175; \ \cot\alpha = -573.$

b) In welchem Bereich (Intervall) $m \leq \alpha \leq M$ gilt: Jedem sin- (cos-, tan- bzw. cot-)Funktionswert ist *genau ein* Winkelwert α zugeordnet?

8. Die Bestimmung des „Urbild"-Wertes zum vorgegebenen Winkel-Funktionswert leistet die „Arcus-Funktion" (arc). Als *Umkehr-* oder *inverse* Funktion wird sie bei manchen ETR auch durch $\boxed{\text{INV}}$ oder durch eine hochgestellte „−1" gekennzeichnet.

Realisiere mit dem ETR folgende RAP:

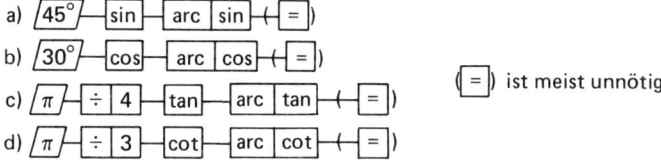

a) $\boxed{45°} \!-\! \boxed{\sin} \!-\! \boxed{\text{arc} \mid \sin} \!-\! (\!-\! \boxed{=})$

b) $\boxed{30°} \!-\! \boxed{\cos} \!-\! \boxed{\text{arc} \mid \cos} \!-\! (\!-\! \boxed{=})$ $(\!-\! \boxed{=})$ ist meist unnötig

c) $\boxed{\pi} \!-\! \boxed{\div} \!-\! \boxed{4} \!-\! \boxed{\tan} \!-\! \boxed{\text{arc} \mid \tan} \!-\! (\!-\! \boxed{=})$

d) $\boxed{\pi} \!-\! \boxed{\div} \!-\! \boxed{3} \!-\! \boxed{\cot} \!-\! \boxed{\text{arc} \mid \cot} \!-\! (\!-\! \boxed{=})$

Gib in obige RAP als Eingabe auch $-45°$; $135°$; $225°$ bzw. $315°$ ein.

Beachte: $\boxed{\text{arc} \mid \sin}$ ist ein Zwei-Tasten-Befehl für die arc-Taste und (danach) $\boxed{\sin}$-Taste; dieser lautet bei einigen ETR auch $\boxed{\text{INV}}$ $\boxed{\sin}$ oder $\boxed{\sin^{-1}}$.

9. a) Bestätige an selbstgewählten Beispielen die Richtigkeit folgender „Regeln" (α im Gradmaß):

$$\cos\alpha = \sin(90° + \alpha) = \sin(90° - \alpha),$$

$$\tan\alpha = \frac{\sin\alpha}{\sin(90° - \alpha)} \quad , \qquad \cot\alpha = \frac{1}{\tan\alpha}$$

---

[1] im *Probierverfahren;* probiere mit Näherungswerten, die sich aus der Zeichnung zu Aufgabe 6. entnehmen lassen.

und berechne für $\alpha \in \{15°, 30°, 45°, \ldots, 90°\}$ die cos-, tan- und cot-Werte nur mit Hilfe der $\boxed{\sin}$-Taste.

b) Bestätige entsprechend (x im Bogenmaß):

$$\arccos x = \frac{\pi}{2} - \arcsin x \quad ,$$

$$\arctan x = \arcsin \frac{x}{\sqrt{1 + x^2}} \quad , \qquad \mathrm{arc} \cot x = \arcsin \frac{1}{\sqrt{1 + x^2}} \quad .$$

1.11. Exponential- und Logarithmusfunktionen

Zielsetzung: Voraussetzung für diesen Abschnitt ist das Verständnis für Potenzen mit Bruchzahlen als Exponent (a^x mit $x \in \mathbb{Q}$). Von daher wird a^x mit beliebigem reellem Exponent x ($x \in \mathbb{R}$) als diejenige reelle Zahl „erfahren", der sich a^{x_n} nähert, wenn die Werte von x_n sich x nähern (Aufgabe 2. für $10^{\sqrt{2}}$). Für diese Aufgaben sollte ein ETR mit der Taste $\boxed{y^x}$ (bzw. bei vielen auch $\boxed{x^y}$) zur Verfügung stehen, hiermit wird man zunächst Potenzen mit den Exponenten 2, 3, 4, \ldots ($x \in \mathbb{N}$), dann $-1, -2, \ldots$ ($x \in \mathbb{Z}$) und danach z.B. $\frac{1}{2}, \frac{2}{3}, 2\frac{1}{3}, -3\frac{2}{5} \ldots$ ($x \in \mathbb{Q}$) berechnen (Aufgabe 1.). Der Zusammenhang zwischen 10^x und e^x soll zunächst „entdeckt" werden (Aufgabe 4.). Bevor man die $\boxed{\log}$- oder $\boxed{\ln}$-Tasten des ETR benutzt, muß die Existenz und Eindeutigkeit der Lösung z.B. für $5 = 10^x$ erkannt werden (Aufgabe 5.). Mit dem ETR realisiert man rasch Lösungsstrategien, welche die gesuchte (reelle) Zahl als Zentrum einer Intervallschachtelung liefern (Aufgaben 5. bis 8.). Die hier skizzierte „empirische Hinführung" zur Exponentialfunktion und ihrer Umkehrfunktion ist rein „innermathematisch" motiviert. Im Gegensatz dazu vergleiche man die „problemorientierte", umweltbezogene Motivation im Abschnitt 2.8 und 2.9.

Vorbemerkung: Es sollen hier Hinführungen zur Exponential- und Logarithmusfunktion besprochen werden, jedoch keine lückenlose, theoretisch exakte Einführung. Dies gilt entsprechend auch für Abschnitt 1.10. Man vgl. auch Abschnitt 1.3, Aufgabe 10., Abschnitt 1.4, Aufgabe 10., Abschnitt 1.7, Aufgaben 6., 7.

Aufgaben

1. a) Verwandle die Dezimalbrüche in Brüche (echte, unechte bzw. gemischte). Benutze, wenn es *sinnvoll* erscheint, den ETR (z.B. $4{,}66 \ldots = \frac{14}{3} = 4\frac{2}{3}$):

   0,0625; 0,1; 0,125; 0,166 …; 0,2; 0,25; 0,3; 0,33 …; 0,370370 …; 0,5; 0,75; 0,9166 …; 1,125; 1,166 …; 1,2; 1,75; 3,125; 3,166 …; 3,2; 3,75.

   b) Schreibe für obige x-Werte 3^x als m-te Wurzeln von n-ten Dreierpotenzen ($\sqrt[m]{3^n}$) und berechne 3^x mit dem ETR. Tabelliere die Ergebnisse und zeichne die entsprechenden Werte in ein Koordinatensystem ein. Zum Beispiel: $3^{4{,}66\cdots} = 3^{4\frac{2}{3}} = (3^{4 + \frac{2}{3}}) = 3^4 \cdot 3^{\frac{2}{3}} = 3^4 \cdot (3^2)^{\frac{1}{3}} = 3^4 \cdot \sqrt[3]{3^2}$.

   c) Vervollständige diese Tabelle und die graphische Darstellung durch die Werte für 2^x; 10^x; $2{,}72^x$.

   d) Vervollständige weiter durch die Werte für 2^{-x}; 3^{-x}; 10^{-x}; $2{,}72^{-x}$.

2. Berechne:

   a) $1{,}4^2$; $1{,}5^2$; $10^{1{,}4}$; $10^{1{,}5}$ c) $1{,}414^2$; $1{,}415^2$; $10^{1{,}414}$; $10^{1{,}415}$

   b) $1{,}41^2$; $1{,}42^2$; $10^{1{,}41}$; $10^{1{,}42}$ d) $1{,}4142^2$; $1{,}4143^2$; $10^{1{,}4142}$; $10^{1{,}4143}$

   Was stellt man fest? Wähle statt 10 als Basis auch 2 und 2,72. ($1{,}4142 \approx \sqrt{2} \approx 1{,}4143$)

> **Merke:** Jedem Zahlwert x wird genau ein Zahlwert 2^x (3^x, 10^x usw.) zugeordnet. Es gilt:
> a) 2^x (3^x, 10^x usw.) kann alle positiven Werte annehmen,
> b) je größer x desto größer ist 2^x (3^x, 10^x usw.),
> c) zu jedem Wert von 2^x gehört *genau ein* Wert von x.

3. Betrachte $(-2)^2$; $(-2)^{\frac{3}{2}}$; $(-2)^{\frac{4}{3}}$, $(-2)^{\frac{5}{4}}$, ..., $(-2)^{\frac{10}{9}}$, ...
Für welche Exponenten ergeben sich (reelle) Zahlen? Wie berechnet man diese?

> **Merke:** Ist $a > 0$ und $a \neq 1$, so heißt die Funktion, die jeder (reellen) Zahl x die positive (reelle) Zahl a^x zuordnet, *Exponentialfunktion*. Eine spezielle Exponentialfunktion beschreibt der Funktionsterm 10^x ($a = 10$). Hat Dein ETR eine Taste $\boxed{e^x}$, so realisiere $\boxed{1}\!-\!\boxed{e^x}$.
> Man sieht, daß e ein Zahlname ist für die (transzendente) Zahl $e = 2,7182818\ldots$.

4. a) Tabelliere 10^x und e^x für

$$x \in \left\{ \frac{1}{2}; \frac{1}{4}; \frac{1}{8}; \frac{5}{16}; \frac{16}{5}; 2,3023; 0,4343; \sqrt{2}; \pi \right\}.$$

b) Ergänze diese Tabelle durch die Ergebnisse für $e^{(x \cdot 2,3023)}$ und $10^{(x \cdot 0,4343)}$. Was vermutest Du?

5. a) Bestimme (durch Erraten, Probieren, Korrigieren) mit der $\boxed{10^x}$ - (bzw. $\boxed{e^x}$ -) Taste, die x-Werte mit mindestens dreistelliger Genauigkeit für die 10^x (bzw. e^x) die Werte 0,001; 2,5; 5; 7,5; 25; $\sqrt{2}$; π annimmt. (Errate die x-Werte durch *Halbierung* von Dezimalziffern!)

> **Merke:** Die Exponentialfunktion ist eine umkehrbare, eindeutige Funktion (s.o. nach Aufgabe 2.). Ihre Umkehrfunktion heißt *Logarithmusfunktion*.

Funktions-Term	Name	Umkehr-Funktions-Term	lies:	Merkregel — ist gleichbedeutend mit —	
a^x	Exponential-funktion	$^a\log x$	Logarithmus x zur Basis a	$y = {}^a\log x$	$x = a^y$
10^x	Exponential-funktion zur Basis 10	lg x	(dekadischer) Logarithmus von x	$y = \lg x$	$x = 10^y$
e^x	e-Funktion	ln x	natürlicher Logarithmus von x	$y = \ln x$	$x = e^y$

6. Zeichne (in je einem Koordinatensystem) die Bilder (vgl. 4. Anhang, Seite 120)
a) von $y := 10^x$ und $y := \lg x$
b) von $y := e^x$ und $y := \ln x$

7. Bestätige an Beispielen folgende Rechenregeln. Auf welche Funktionstasten könnte man gemäß e), f) „verzichten"?

a) $^a\log(x_1 \cdot x_2) = {}^a\log x_1 + {}^a\log x_2$

b) $^a\log\left(\dfrac{x_1}{x_2}\right) = {}^a\log x_1 - {}^a\log x_2$, für $x_2 \neq 0$

c) $^a\log(x_1)^{x_2} = x_2 \cdot {}^a\log x_1$

d) $10^{\lg x} = x$; $e^{\ln x} = x$

e) $e^x = 10^{x \cdot \lg e}$; $10^x = e^{x \cdot \ln 10}$; $y^x = e^{x \cdot \ln y} = 10^{x \cdot \lg y}$

f) $\ln x = \dfrac{1}{\lg e} \cdot \lg x$; $\lg x = \dfrac{1}{\ln 10} \cdot \ln x$; $\ln 10 = \dfrac{1}{\lg e}$

8. Wir wollen $\lg 2$ berechnen (*ohne* $\boxed{\ln}$ - oder $\boxed{\lg}$ -Taste). Es gilt:

$$2^{10} = 1024 \approx 10^3, \text{ daraus folgt: } 10 \cdot \lg 2 \approx \lg 10^3 = 3, \text{ d.h. } \lg 2 \approx \frac{3}{10} = 0,3$$

(und $2^{20} = 1048576 \approx 10^6$, d.h. $\lg 2 \approx \dfrac{6}{20} = 0,3$)

und $2^{26} = 67108864 < 10^8$, d.h. $\lg 2 < \dfrac{8}{26} < 0,3077$, d.h. $\lg 2 < 0,3077$

Bei der Anzeige von $2^{27} = 134217728$ zeigt ein 8-Stellen-ETR die letzte Ziffer nicht mehr an. Merken wir uns als Faktor 10^8 bei den Werten im Anzeigeregister, so können wir 1,3421772 neu eingeben und fortlaufend mit 2 multiplizieren. Wir erhalten folgende Werte:

n	10	26	27	30	40	53	196
2^n	1024 $> 10^3$	67108864 $< 10^8$	$\approx 1,3421772$ $> 10^8$	$\approx 10,73 \cdot 10^8$ $> 10^9$	$\approx 10995 \cdot 10^8$ $> 10^{12}$	$\approx 90071968 \cdot 10^8$ $< 10^{16}$	$\approx 1004 \cdot 10^{56}$ $> 10^{59}$
Folgerung	$\lg 2 > \frac{3}{10}$ $= 0,3$ $\rule{0pt}{0pt}$ (vgl.)	$\lg 2 < \frac{8}{26}$ $\approx 0,308$	$\lg 2 > \frac{8}{27}$ $\approx 0,296$	$\lg 2 > \frac{9}{30}$ $= 0,3$	$\lg 2 > \frac{12}{40}$ $= 0,3$	$\lg 2 < \frac{16}{53}$ $\approx 0,302$	$\lg 2 > \frac{59}{196}$ $\approx 0,301$

Wir sehen, daß gilt: $0,301 < \lg 2 < 0,302$

> **Merke:** Zur Bestimmung von $\lg a$ sucht man ein Wertepaar (n, m) so auf, daß a^n möglichst gut von 10^m angenähert wird, d.h. $a^n \approx 10^m$. Dann gilt: $\lg a \approx \dfrac{m}{n}$.

a) Bestimme entsprechend $\lg 3$, $\lg 5$, $\lg 7$, $\lg 11$ und $\lg 13$.

b) Wie bestimmt man damit $\lg 4$, $\lg 6$, $\lg 8$, $\lg 9$ und $\lg 12$?

   Beachte: $\lg(a \cdot b) = \lg a + \lg b$.

2 Sachrechnen im Mathematikunterricht (MU)

2.1. Vorbemerkungen zum Einsatz von ETR

Beim Sachrechnen ist der ETR in erster Linie als didaktisch begründetes, ökonomisches *Hilfsmittel* zu betrachten. Hierzu einige Anmerkungen:

a) Zur *Problemanalyse* trägt der ETR *direkt* nichts bei.
   Hierbei geht es um das Herausfinden
   1. von *vorgegebenen* Daten (Informationen),
   2. von *gesuchten* Daten (Informationen) und
   3. eines *Lösungs-Verfahrens* (Algorithmus).

b) Die *Darstellung* (Formalisierung) *eines Lösungs-Verfahrens* ist als Ergebnis der Problemanalyse zu betrachten. Aus ihr müssen die vorgegebenen Daten (Eingangszustände) und der Weg (Zuordnungsvorschrift oder Formel) von diesen zu den gesuchten Daten (Endzustände) erkennbar sein.

c) *Tabellen-Schemata* und *Rechenablaufpläne* (RAP) sind Darstellungen mit hohem Aufforderungscharakter, die den Übergang von konkreten Beispielen zur allgemeinen Formel (Zuordnungsterm) erleichtern.

d) Die Problemanalyse konkretisiert sich hiernach z.B. in einer *„Formular-Planung"*, welche die Kenntnis von einzelnen Zuordnungsvorschriften (Formeln) voraussetzt und gegebenenfalls die richtige Reihenfolge der Hintereinander-Ausführung von Zuordnungen verdeutlicht.

e) Mit der Erstellung des Formulars (Tabellen-Schemas) oder eines RAP ist die „eigentliche" Aufgabe vom mathematischen Standpunkt aus gelöst. Das *„Ausfüllen" von Tabellen,* die eine Vielzahl von Aufgaben eines Typs enthalten, ist *reine Rechenarbeit,* die der ETR leisten soll.

f) Dieses Ausfüllen ist jedoch von Wichtigkeit, z.B.
   1. für das *Verständnis* und das *Behalten einer Formel,* die den Aufgabentyp charakterisiert,
   2. für die *Fähigkeit, Tabellen* mit einfachem oder mehrfachem Zugang *interpretieren* zu können.

g) Die Übertragung von Tabellen-Werten in *graphische Darstellungen* z.B. Block- oder Kreisdiagramme, Koordinatendarstellungen (Nomogramme) ist ein weiterer Punkt, wofür die Aussagen unter f) sinngemäß gelten.

h) Ein *wichtiges Argument für* den Einsatz von *ETR im Sachrechnen* scheint uns folgendes zu sein: Die Konzentrationsfähigkeit eines jeden Menschen ist beschränkt. Wird diese Konzentrationsfähigkeit auf dem Weg bis zur konkreten Rechentätigkeit nahezu ausgeschöpft, so häufen sich beim „manuellen" Rechnen zwangsläufig Fehler in den Endergebnissen, selbst wenn entsprechende Rechenalgorithmen beherrscht werden. Reicht die Konzentrationsfähigkeit aber über Problemanalyse und „Formularplanung" hinaus — was für jede Übungsphase vorausgesetzt werden muß — so wird sie beim Berechnen konkreter Ergebnisse mit dem ETR kaum weiter belastet und kann viel sinnvoller verwandt werden:
   1. Zur *„Verbreiterung der Übungsphase"* in dem Sinne, daß wesentlich *mehr* Beispiele gerechnet werden können und die o.g. Ziele (vgl. f, g) erreicht werden,
   2. für eine (maßvolle!) *Stofferweiterung,* die solche Gebiete betrifft, welche bisher vorwiegend wegen des Rechenaufwandes vermieden wurden.

Von daher ergeben sich neue Argumente (Hypothesen) für den Einsatz von ETR in der Schule:

a) Eine Vielzahl konkreter, umweltrelevanter Aufgaben können durchgerechnet werden, wodurch sich die Kenntnis von Formeln und Rechenverfahren (Algorithmen) festigt und erweitert.

b) Das selbständige Erstellen und Auswerten von Tabellen und Graphiken wird wesentlich betont, wodurch diese für den Schüler durchschaubarer werden.

c) Rechenschwache intelligente Schüler werden größere Erfolgserlebnisse haben.

d) Rechenschwache und weniger intelligente Schüler verbrauchen ihre Konzentrationsfähigkeit nicht durch Rechenballast.

e) Alle Schüler erhalten mehr Chancen, umweltbezogene Mathematik kennenzulernen.

2.2. Zur Klassifikation von Zuordnungsaufgaben

Zielsetzung: *Das „charakteristische" einer Zahlenfolge drückt sich in ihrem Bildungsgesetz aus, welches man aus ihren Gliedern ablesen kann. Zum Aufsuchen dieses Bildungsgesetzes ($a_n = \ldots$) muß man Vermutungen haben, die man (bitte nicht immer) mit dem ETR bestätigt oder verwirft. Die Fragen a) bis g) zielen auf proportionale, antiproportionale, lineare bzw. exponentielle Zuordnungsaufgaben.*

Aufgaben

1. Fülle folgende Tabelle aus! Dazu braucht man sicherlich nicht immer den ETR!

Zeilen-Nr.	a_1	a_2	a_3	a_4	a_5	a_6	a_7	a_8	a_9	a_{10}	a_{20}	a_n
1	1	2	3	4						10	20	n
2	2	4	6									
3	1	3	5									
4	2	5,57	9,14	12,71								
5	2,5	2,75	3,025	3,3275								
6	2,5	5	7,5									
7			8	16	32							
8			31,5	37,8	44,1							
9	1,1	0,55	0,275									
10				1	3	9						
11		4	9	16								
12		20,25	60,75	182,25								
13	−3	3	−3									
14	14,3	10,61	6,92									
15	20,63	26,26	31,89									
16	3,1	−6,2	12,4									
17	6,32	3,16		1,58	1,264							

(L)   Bildungsgesetze zu Nr.

1. n;
2. $2n$;
3. $2n - 1$;
4. $2 + 3,57 \cdot (n - 1)$;
5. $2,5 \cdot (1,1)^{(n-1)}$;
6. $2,5 \cdot n$;
7. 2^n;
8. $18,9 + (n - 1) \cdot 6,3$;
9. $1,1 \cdot (0,5)^{(n-1)}$;

10. $3^{(n-4)} = \dfrac{1}{27} \cdot 3^{(n-1)} = \dfrac{1}{81} \cdot 3^n$;

11. n^2;
12. $2,25 \cdot 3^n$;
13. $(-1)^n \cdot 3$;
14. $14,3 - (n - 1) \cdot 3,69$;
15. $20,63 + (n - 1) \cdot 5,63$;
16. $3,1 \cdot (-2)^{n-1}$;
17. $\dfrac{6,32}{n}$

2. a) Welche Zahl a_{20} würde wohl in der 20-ten Spalte stehen? Welche Zahl a_n in der n-ten Spalte? (Benutze den ETR als Gerät, mit dem man eine *Vermutung* schnell bestätigen oder widerlegen kann!)

b) Erfinde konkrete Situationen, Probleme oder Handlungen, die durch die Folge von Zahlen in jeder Zeile beschrieben werden können.

Für welche Folgen gilt:

c) Die Werte nehmen „nach rechts" ständig zu (d. h. je größer n desto größer a_n);

d) die Werte sind umso kleiner, je weiter sie „rechts" stehen (d. h. je größer n desto größer a_n);

e) die Differenz benachbarter Werte (Glieder der Folge) ist konstant (d. h. $a_{n+1} - a_n$ = const für alle n);

f) das n-te Glied a_n ist das n-fache vom ersten Glied a_1;

g) der Quotient benachbarter Glieder ist konstant (d. h. $\dfrac{a_{n+1}}{a_n}$ = const für alle n)?

2.3. Rechnen mit gemessenen Größen

Zielsetzung: *Bedeutung der Dezimalzahldarstellung von gemessenen Größen. Einfluß der Meßfehler von Größen auf die Genauigkeit des Ergebnisses beim Rechnen mit diesen Größen (Fehlerfortpflanzung). Durch Ausrechnen der „unteren" und „oberen Grenze" einer Ergebnisgröße an vielen Beispielen sollen Merkregeln oder „Faustregeln für die Fehlerfortpflanzung" erkannt werden und sich einprägen. Man vernachlässige über dieses Rechnen mit ETR nicht die geometrische Veranschaulichung!*

Messungen von physikalischen Größen (z. B. Längen, Massen, Zeitintervalle, Stromstärken) sind neben Ablesefehlern grundsätzlich mit Fehlern behaftet, die durch die Meßvorrichtung (z. B. Meßstäbe, Waagen, Uhren, Amperemetern) verursacht werden.

Jede gemessene (physikalische) Größe besteht aus einer gerundeten (reellen) Maßzahl und einer Maßeinheit, z. B.:

$$s = \underbrace{63,8}_{\text{Maßzahl}} \quad \underbrace{cm}_{\text{Maßeinheit}}$$

(mit einem Zollstock gemessen) bedeutet, daß die Länge s einer Tischkante mindestens 63,75 cm und höchstens 63,84 cm beträgt; Zehntel Millimeter waren nicht mehr ablesbar.
Man schreibt: 63,75 cm $\leq$ s $\leq$ 63,84 cm oder s = 63,8 cm $\pm$ 0,05 cm.

Weitere Beispiele: Fülle die Leerstellen aus!

gem. Größe g	Bedeutung	andere Schreibweise	Absoluter Fehler	relativer Fehler	gültige Stellen
237 m	$236,5\,m \leq g \leq 237,4\,m$	$g = (237 \pm 0,5)\,m$	0,5 m	0,002	3
10,01 s	$10,005\,s \leq g \leq 10,014\,s$	$g = (10,01 \pm 0,005)\,s$	0,005 s		4
15,020 kg	$15,0195\,kg \leq g \leq$ 15,0204 kg	$g = (15,020 \pm$ 0,0005) kg	0,0005 kg		5
0,005200 A	$0,0051995\,A \leq g \leq$ 0,0052004 A	$g = (0,005200 \pm$ 0,0000005) A			6

Merke: Die Angabe $m_1 = 15{,}020$ kg bedeutet, daß m_1 genauer (auf 5 Stellen bzw. auf „Gramm genau") bestimmt wurde als $m_2 = 15{,}02$ kg (auf 4 Stellen oder 10 g genau): Nachfolgende Nullen sind bei Meßwerten von Bedeutung!

Erstelle eine entsprechende Tabelle für die Größen: $123\,m^2$, $12300\,m^3$, $123{,}0\,\frac{km}{h}$, $30{,}0\,\frac{m}{s}$.

Aufgaben

1. Fülle die Tabelle aus und diskutiere die Ergebnisse:

g_1	g_2	$g_1 + g_2$	$g_1 - g_2$	$g_1 \cdot g_2$	$g_1 : g_2$	$4 \cdot g_1$	g_1^4
63,75	25,95						
63,8	26,0						
63,84	26,04						
0,225	63,75						
0,23	63,8						
0,234	63,84						
6,375	0,5						
6,38	1						
6,384	1,4						

Merke: Die Addition (Subtraktion) von zwei Größen g_1 und g_2 desselben Größenbereichs ergibt eine gleichbenannte Größe, die höchstens von der Genauigkeit der ungenauesten Größe g_1 oder g_2 sein kann.
Multipliziert (oder dividiert) man zwei Maßzahlen (als gerundete Zahlen), so hat das Ergebnis höchstens so viele gültige Stellen wie die Maßzahl mit der geringsten Anzahl gültiger Stellen.

2. Setze $\pi \approx 3,1416$ und fülle folgende Tabelle mit gerundeten Ergebnissen aus. Wie kann man die Terme im Tabellenkopf interpretieren, wenn a, b, c Maßzahlen für Strecken sind?

a	b	c	$\dfrac{a \cdot b}{2}$	$\dfrac{a+b}{2} \cdot c$	$a \cdot b \cdot c$	$a^2 \cdot b$	$4\pi a^2$	$\dfrac{4}{3}\pi a^3$	$\dfrac{\pi}{3} a^2 \cdot b$	$\dfrac{1}{3} abc$
23,5	12,0	5,34								
1,350	1,2	6,0								
15,05	23,00	16,99								
0,034	2,3	17								
2	20	200								

(L) Berechnung der Flächenmaßzahlen von Dreieck, Trapez, Kugeloberfläche ($4\pi a^2$) und der Volumenmaßzahlen von Quader, Kugel, Pyramide mit kreisförmiger ($\frac{\pi}{3} a^2 b$) bzw. rechteckiger ($\frac{1}{3} a \cdot b \cdot c$) Grundfläche.

3. Man hat eine (genügend große) Anzahl „gleichlanger" Stäbe (deren Dicke vernachlässigbar klein ist). Die Länge wird mit $6\underline{0}$ cm angegeben.

Anmerkung: Die Unterstrichene $\underline{0}$ bedeutet, daß auf Zentimeter genau gemessen wurde.

a) Wie lang ist jeder Stab mindestens (höchstens)? Wie groß sind absoluter und relativer Fehler der Längenangabe?

b) Zeichne Dreiecke mit 3 (5 bzw. 9) Stäben,
   Rechtecke mit 4 (6 bzw. 10) Stäben und
   Würfel mit 12 (24 bzw. 36) Stäben.

Berechne die Größen: Umfang (Länge des Kantennetzes), Fläche (Oberfläche) bzw. Volumen dieser Figuren bzw. Körper.

Berechne dann jeweils die entsprechenden absoluten und relativen Fehler. Erfasse alle Ergebnisse in einer Tabelle.

(L) a) $59,5\,\text{cm} \leq s \leq 60,4\,\text{cm}$; $f \leq 0,5\,\text{cm}$; $r \leq 0,0084 \triangleq 0,84\,\%$.

2.4. Proportionale Zuordnung

Zielsetzung: *Umsetzung des Zuordnungsschemas in einen RAP. Der ETR bearbeitet nur die Maßzahlen von Größen, mit ihm ist die Wirkung des Bruchoperators als zusammengesetzter Operator (Divisions- und Multiplikationsoperatoren) realisierbar.*

Die proportionale Zuordnung ist eine spezielle Zuordnung, die nach Behandlung der Bruchrechnung durch folgende Eigenschaften charakterisiert werden kann:

Ist einer Größe x_1 eines Größenbereichs G die Größe y_1 eines Größenbereichs G' zugeordnet, dann ist

a) dem m-fachen von x_1 das m-fache von y_1,

b) dem n-ten Teil von x_1 der n-te Teil von y_1 zugeordnet.

Beispiel: Der Größe 15 *l* (Benzin,,menge", genau Benzin-Volumen) wird die Größe 13,80 DM (Geldbetrag) an einer Tankstelle zugeordnet. Folgende Tabelle zeigt proportional zugeordnete Wertepaare und die Berechnungsmethode: Fülle weiter aus:

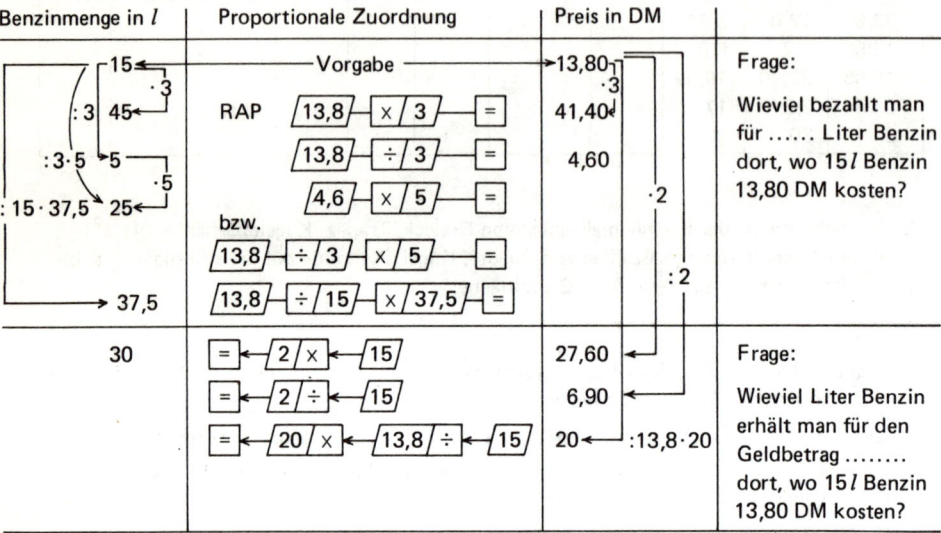

Benzinmenge in *l*	Proportionale Zuordnung	Preis in DM	
15	Vorgabe	13,80	Frage:
45	RAP $\boxed{13,8}-\boxed{\times}\boxed{3}-\boxed{=}$	41,40	Wieviel bezahlt man
5	$\boxed{13,8}-\boxed{\div}\boxed{3}-\boxed{=}$	4,60	für ...... Liter Benzin
25	$\boxed{4,6}-\boxed{\times}\boxed{5}-\boxed{=}$		dort, wo 15 *l* Benzin
	bzw.		13,80 DM kosten?
	$\boxed{13,8}-\boxed{\div}\boxed{3}-\boxed{\times}\boxed{5}-\boxed{=}$		
37,5	$\boxed{13,8}-\boxed{\div}\boxed{15}-\boxed{\times}\boxed{37,5}-\boxed{=}$		
30	$\boxed{=}-\boxed{2}\boxed{\times}-\boxed{15}$	27,60	Frage:
	$\boxed{=}-\boxed{2}\boxed{\div}-\boxed{15}$	6,90	Wieviel Liter Benzin
	$\boxed{=}-\boxed{20}\boxed{\times}-\boxed{13,8}\boxed{\div}-\boxed{15}$	20	erhält man für den Geldbetrag .... dort, wo 15 *l* Benzin 13,80 DM kosten?

Zuordnungsschema: $x_1, x_2 \in G$ und $y_1, y_2 \in G'$:

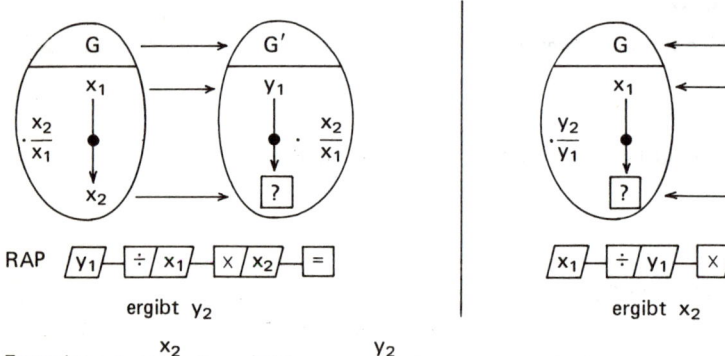

RAP $\boxed{y_1}-\boxed{\div}\boxed{x_1}-\boxed{\times}\boxed{x_2}-\boxed{=}$ $\boxed{x_1}-\boxed{\div}\boxed{y_1}-\boxed{\times}\boxed{y_2}-\boxed{=}$

ergibt y_2 ergibt x_2

Formeln: $y_2 = \dfrac{x_2}{x_1} \cdot y_1$ bzw. $x_2 = \dfrac{y_2}{y_1} \cdot x_1$

Beachte:

a) Der Quotient $\dfrac{x_2}{x_1}$ zweier ,,gleichbenannter" Zahlen x_1 und x_2 eines Größenbereichs ist eine ,,unbenannte" (reelle) Zahl.

b) In den ETR kann man natürlich nur ,,unbenannte" (reelle) Zahlen, d.h. die *Maßzahlen* der (physikalischen) Größen x bzw. y eingeben.

2.4.1. Zuordnungen zwischen zwei Größenbereichen

Zielsetzung: *Einübung des Zuordnungsschemas aus 2.4; Ableitung des funktionalen Zusammenhangs* ($y = c \cdot x$) *und der Quotientengleichheit zugeordneter Größen (Wertepaare). Man beachte (z.B. Aufgabe 1.b)) die „Additivität der Zuordnung"* ($y := y_1 + y_2 = c \cdot x_1 + c \cdot x_2 = c \cdot (x_1 + x_2)$).
Vielfältige Übungen zur Berechnung und graphischen Darstellung sollen den Rechenweg dieses Zuordnungstyps einprägen. Auf Überschlagsrechnungen und Rechenkontrollen zur kritischen Überprüfung der ETR-Ergebnisse ist immer zu achten. Im übrigen gelten zu diesem und zu allen weiteren Abschnitten die generellen Vorbemerkungen 2.1. Man beachte, daß durch die unterschiedlichen RAP-Symbole ⌐⌐ und ☐ die Variablenbezeichnung x *nicht so leicht mit dem Verknüpfungssymbol* x *(„mal") verwechselt werden kann.*

Aufgaben

1. a) An einer Tanksäule liest man einen Preis von 27,84 DM für 32 l ab. Vervollständige nachfolgende Tabelle (runde auf volle Pfennigbeträge bzw. 100-stel Liter).

Literzahl	0,15	1	10	12	15	17	23					
Betrag in DM								1	10	20	30	40

b) Berechne mit diesen Ergebnissen durch Addition bzw. Subtraktion entsprechender Beträge den Preis für 22 l, 29 l, 44 l bzw. 48 l.

Hast Du bei 1.a) beachtet, daß Du alle DM Beträge in „einem Zug" berechnen konntest?

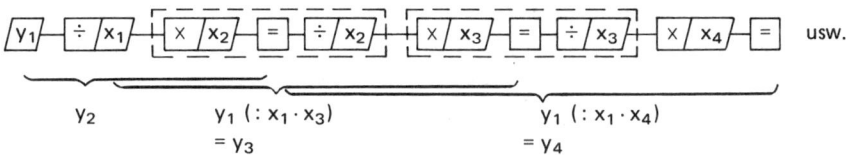

D.h. allgemein $\quad y_1 \ (: x_1 \cdot x_i) = y_i \quad$ für beliebige i.

Es gilt also: $\qquad y_i = \dfrac{x_i}{x_1} \cdot y_1 \qquad$ für alle i.

Da Du in Deinem ETR nur die Maßzahlen (z.B. 27,84) von Größen (z.B. 27,84 DM) eingeben kannst, sind folgende RAP zur Berechnung der Maßzahlen von y_i gleichwertig:

$$\boxed{y_1} - \div - \boxed{x_1} - \times - \boxed{x_i} - = \qquad \text{und} \qquad \boxed{x_i} - \times - \boxed{y_1} - \div - \boxed{x_1} - =$$

Daraus ergibt sich eine zweite Berechnungsmethode:

Zur Berechnung aller y_i (z.B. Geldbeträge), die zu bestimmten x_i (z.B. Literzahl) gehören, bestimmt man also *einmal* den konstanten Quotienten c der Maßzahlen von vorgegebenen Größen-Paaren (x_1, y_1) (z.B. $\dfrac{27,84}{32} = 0,87$ als *„Literpreis"* in DM), womit dann lediglich die x_i zu multiplizieren sind. *Nutze,* falls vorhanden, hierbei den *Konstantenspeicher* des ETR.

Zuordnungsschema:

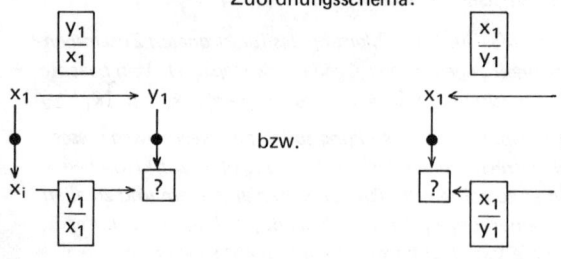

bzw.

RAP: 1. $\boxed{y_1}\!-\!\boxed{\div}\!-\!\boxed{x_1}\!-\!\boxed{=}\!-\!\boxed{\rightarrow c}$

d. h. das Ergebnis c *wird notiert* bzw. je nach ETR-Typ abgespeichert (im Memory M)

2. $\boxed{x_i}\!-\!\boxed{x}\!-\!\boxed{c}\!-\!\boxed{=}$ bzw. $\boxed{y_i}\!-\!\boxed{\div}\!-\!\boxed{c}\!-\!\boxed{=}$

Formel: $y_i = c \cdot x_i$ bzw. $x_i = \dfrac{1}{c} \cdot y_1$ mit $c = \dfrac{y_1}{x_1}$

oder als *Quotientengleichung* $\boxed{\dfrac{y_i}{x_i} = \dfrac{y_1}{x_1}}$ für $x_i \neq 0 \neq x_1$

2. Erweitere die Tabelle zu 1.a) für eine zweite Tankstelle, bei der 41 *l* 35,26 DM kosten. Wende beide Berechnungsverfahren an. Welches hältst Du für ökonomischer?

3. „Der Wert der Mark" ist folgender Tabelle zu entnehmen.

a) Erstelle eine Tabelle, aus der man für 0,50 DM; 1,– DM; 2,– DM; 5,– DM; 123,50 DM; 4560,30 DM die zugehörigen Pfund-, US-Dollar- usw. Beträge ablesen kann.

b) Zeichne eine Koordinatendarstellung, aus der für Geldwerte bis zu 100,– DM die entsprechenden Pfund-Beträge am 21.9.1976; 21.8.1976 bzw. 21.9.1975 abgelesen werden können.

Der Wert der Mark

	am 21.9.76	am 21.8.76	am 21.9.75
1 Pfund	4,27	4,49	5,48
1 US-Dollar	2,48	2,52	2,63
100 F-Franc	50,39	50,44	58,37
100 Gulden	95,33	93,85	97,40
1000 Lire	2,94	3,01	3,86
100 Yen	0,86	0,87	0,88
100 Schilling	14,10	14,06	14,17
100 S-Kronen	57,28	57,28	58,65
100 Franken	100,11	101,75	96,75
100 Peseten	3,66	3,69	4,44

4. Bei der Telefonrechnung wird eine „Gebühreneinheit" mit 23 Pf berechnet.

a) Lege eine Tabelle an und (zeichne eine Koordinatendarstellung), aus der die Gebühren für 1, 2, ..., 30 Einheiten entnommen werden können.

b) Wie lange kann man höchstens für einen Betrag von DM 5,– telefonieren, wenn die Sprechdauer für eine Gebühreneinheit 90 s; 67,5 s; 45 s; 22,5 s; 18 s bzw. 12 s beträgt?

(L) b) Lösungsweg: aus $\boxed{}\!-\!\boxed{\times}\!/\,\overline{0,23}\,\boxed{-}\,\boxed{=}$ „ergibt höchstens 5", folgt die Anzahl der
Gebühreneinheiten gemäß $\boxed{5}\!-\!\boxed{\div}\,\overline{0,23}\,\boxed{-}\,\boxed{=}$ mit 21. Danach kann man z.B.
mindestens $21 \cdot 90\,s = 1890\,s = 31\frac{1}{2}$ min und höchstens $22 \cdot 90\,s = 1980\,s = 33$ min
telefonieren.

5. Es gilt: Druck (P) und Dichte (ρ) eines (idealen) Gases sind (bei konstanter Temperatur) einander
proportional. Fülle folgende Tabelle aus für das (ideale) Gas Luft bei 0 °C (Null Grad Celsius):

Druck in Torr	670	700	730	760			
Dichte in $\dfrac{g}{cm^3}$				0,00129	0,002	0,0025	0,003

6. Aus der Tabelle kann man die Dichte einiger Stoffe (Masse in Gramm eines Würfels der Kantenlänge 1 cm) entnehmen.

Blei	Eisen	Aluminium	Kork
$11,35\ \dfrac{g}{cm^3}$	$7,5\ \dfrac{g}{cm^3}$ bis $7,8\ \dfrac{g}{cm^3}$	$2,69\ \dfrac{g}{cm^3}$	$0,2\ \dfrac{g}{cm^3}$ bis $0,35\ \dfrac{g}{cm^3}$

a) Gib in einer Tabelle (Koordinatendarstellung) die Massen eines quaderförmigen Körpers an mit
der Grundfläche von $1\,m^2$ und der Höhe von 2 cm, 15 cm, 173 cm bzw. 1,95 m.

b) Wie hoch ist ein so geformter Körper aus Eisen, Aluminium bzw. Kork, wenn er die gleiche Masse
wie ein Bleikörper dieser Form und einer Höhe von 10 cm haben soll?

c) Wie groß ist die Masse von 1000 Eisenkugeln mit einem Durchmesser von 1 mm?
(Erst schätzen, dann rechnen!)

(L) a) z.B. Höhe 2 cm: Speichere 20 000! Blei: 227 kg; Eisen: 150 kg bis 156 kg;
Aluminium: 53,8 kg; Kork: 4 kg bis 7 kg.

b) RAP z.B. für die Höhe eines Eisenquaders:

$$\overline{\boxed{10\,000}}\!-\!\boxed{\times}\!/\,\overline{10}\,\boxed{-}\!\boxed{\times}\!/\,\overline{11,35}\,\boxed{-}\,\boxed{=} \iff \overline{\boxed{10\,000}}\!-\!\boxed{\times}\!/\,\overline{?}\,\boxed{-}\!\boxed{\times}\!/\,\overline{7,5}\,\boxed{-}\,\boxed{=}$$

Ergebnisse: $h = \dfrac{113,5}{7,5}$ cm $\approx 15,1$ cm (14,6 cm); 39,1 cm; 5,68 m (3,24 m).

c) ca. 4 g

7. Ein Auto fährt mit gleichbleibender Geschwindigkeit an einem Beobachter vorbei. Wie weit ist das
Auto vom Beobachter nach 5 s; 20 s; $\frac{1}{2}$ h; 2 h 25 s; $3\frac{1}{3}$ h bzw. 4 h 40 s (4 Stunden und 40 Sekunden)
entfernt, wenn es eine Geschwindigkeit von 30 km/h, 50 km/h, 75 km/h, 100 km/h bzw. 150 km/h
fährt.

a) Schätze zunächst die Ergebnisse.

b) Tabelliere die Ergebnisse. Runde die Ergebnisse auf drei Stellen.

(L) Beachte z.B.: 30 km/h = $30 \cdot 1000 : 3600$ m/s = $30 : 3,6$ m/s $\approx 8,33\ \dfrac{m}{s}$.

8. Konsumgüter werden sehr häufig in unterschiedlichen Verpackungen angeboten. Interpretiere folgende Tabelle für Waschpulver und ordne die Angebote nach aufsteigenden Preisen pro Kilogramm.

Masse	3,5 kg	3,0 kg	1,5 kg	4,5 kg	4,5 kg	3,5 kg	3 kg
Preis	7,80 DM	6,98 DM	3,49 DM	9,98 DM	10,89 DM	8,89 DM	7,10 DM

(L) $\quad \dfrac{9,98}{4,5} < \dfrac{7,86}{3,5} < \dfrac{6,98}{3} = \dfrac{3,49}{1,5} < \dfrac{7,10}{3} < \dfrac{10,89}{4,5} < \dfrac{8,89}{3,5}$

Merke:

a) Beim Rechnen mit „benannten" Zahlen (physikalischen Größen) müssen auf der linken und rechten Gleichungsseite *immer gleiche Benennungen* (Dimensionen) erscheinen. Hierbei gelten für die Einheiten (m, s, kg usw.) *„Kürzungsregeln"*. Zum Beispiel auf 420 km verbraucht ein Auto 43,68 l Benzin. Der (durchschnittliche) Benzinverbrauch für 100 km ist sicherlich *nicht* $\frac{420 \text{ km}}{43,68 \, l} \approx 9,63 \, \frac{\text{km}}{l}$ (das ist Kilometeranzahl pro Liter Benzin), sondern $\frac{43,68 \, l}{420 \text{ km}} \cdot 100 \text{ km} = 10,4 \, l$.

b) Weiß man, daß bei proportionalen Zuordnungsaufgaben eine Größe x_1 mit den Quotienten aus y_1 und y_2 multipliziert wird um x_2 zu erhalten, hat aber vergessen, ob dieser Quotient $\frac{y_1}{y_2}$ oder $\frac{y_2}{y_1}$ ist, so hilft die Merkregel *„Je größer x desto größer ist auch y"*.

(Das heißt, berechne $x_1 \cdot \frac{y_1}{y_2}$, $x_1 \cdot \frac{y_2}{y_1}$ und vergleiche mit x_1, dann wird man sich erinnern!)

2.4.2. Zuordnungen zwischen mehreren Größenbereichen

Zielsetzung: *Die Hintereinanderausführung von Zuordnungen (Abbildungen) erfährt ihre konsequente Realisierung und augenfällige Darstellung im Aneinanderreihen von einzelnen RAP zu einem neuen RAP.*

Beispiel: Für 2 US-Dollar zahlt man 4,96 DM; für 50,39 DM erhält man 100 F. Wieviel Fr.-Francs erhält man hiernach für 25 US-Dollar?

Schema ①

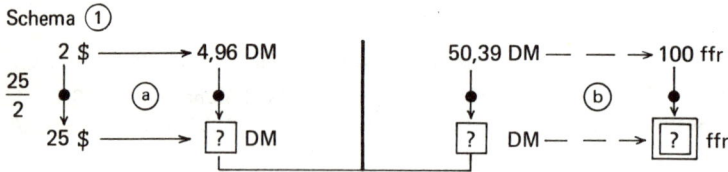

Ergebnis: für 25 $ erhält man

a) $\dfrac{25}{2} \cdot 4,96 \text{ DM} = 62,- \text{ DM}$ und   b) $\dfrac{62}{50,39} \cdot 100 \text{ ffr} = 123,04 \text{ ffr.}$

Aufgaben

1. Fülle nach diesem Wechselkurs folgende Tabelle aus: Mit welcher Spalte beginnt man?

$	0,25	0,5	1	13			
ffr					0,5	1	237

Schema ②

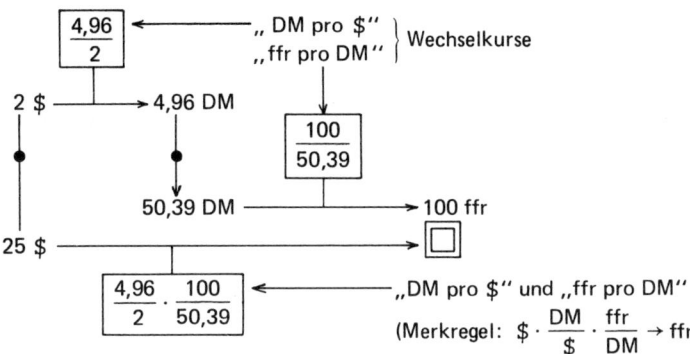

Ergebnis: Für 25 $ erhält man

$$25 \cdot \frac{4,96}{2} \cdot \frac{100}{50,39} \text{ ffr} \approx 123,04 \text{ ffr.}$$

Berechne nochmals die fehlenden Tabellenwerte in Aufgabe 1. Speichere als Konstante den Produktwert von $\frac{4,96}{2} \cdot \frac{100}{50,39}$ (allg. $c_1 \cdot c_2$).

2. Erstelle eine Umrechnungstabelle für DM, Pfund, US-Dollar bis Peseten (gemäß Tabelle zu Aufgabe 3. in Abschnitt 2.4.1), aus der alle Wechselkurse für diese Währungen (zum 21.9.1976) zu entnehmen sind. Anleitung: Eingangsspalte und Eingangszeile dieser Tabelle mit „doppeltem Zugang" erhalten die Bezeichnungen 1 Pfund usw. bis 100 Peseten. Steht z. B. im Schnittfeld der dritten Zeile und der zweiten Spalte die Angabe, wieviel US-Dollar man für 100 ffr erhält, so steht im „symmetrischen" Schnittfeld (dritte Spalte, zweite Zeile) der Kehrwert [1/x] hiervon.

3. a) Für eine Tankfüllung von 45 *l* zahlt ein PKW-Fahrer 39,15 DM. Hiermit kann er ca. 490 km fahren. Wie hoch sind die Benzinkosten pro Kilometer (runden)?

   b) Berechne maximale und minimale Benzinkosten pro Kilometer, wenn eine Tankfüllung zwischen 36,45 DM und 40,95 DM kostet und für minimal 440 km und maximal 520 km reicht. Zeichne eine Koordinatendarstellung, aus der Maximal- und Minimalkosten für 10 000 km bis 30 000 km (Jahresleistung) abzulesen sind.

   c) Erstelle eine Tabelle, aus der die maximalen Differenzbeträge für 10 000 km, 15 000 km, 20 000 km, 25 000 km und 30 000 km abzulesen sind. Zeichne entsprechende „Punkte" ins Koordinatensystem ein.

Ⓛ b) Benzinkosten pro Kilometer minimal $36,45 : 520 \frac{DM}{km} = 7 \frac{Pf}{km}$; maximal $40,95 : 440 \frac{DM}{km} \approx 9,3 \frac{Pf}{km}$.

   c) Maximaler Differenzbetrag bei 30 000 km : 690 DM.

4. Aus der „Stromrechnung" ersieht man, daß für einen Energieaufwand von 550 kWh (Kilo-Watt-Stunden) in zwei Monaten 66,— DM zu zahlen sind.

   a) Wie groß ist die Einsparung, wenn man 90 Tage lang pro Tag 5 Glühlampen zu je 60 W (= 0,06 kW) zwei Stunden nicht einschaltet.

   b) Wieviel zahlt man in zwei Monaten, wenn man zusätzlich zu den „normalen" Kosten (s.o.) einen elektrischen Heizofen mit 1,8 kW täglich 2 $\frac{3}{4}$ Stunden einschaltet?

Ⓛ   a) $90 \cdot 5 \cdot 60 \cdot 2 \, Wh = 54\,000 \, Wh = 54 \, kWh$ kosten $54 \cdot 66 : 550 \, DM = 6,48 \, DM$,

   b) $60 \cdot 1,8 \cdot 2,75 \cdot \frac{66}{550} \, DM = 35,64 \, DM$.

5. Für eine Metallegierung aus fünf Metallen A, B, C, D und E benötigt man 530 g von A, 270 g von B, 163 g von C, 35 g von D und 25 g von E. Erstelle eine Tabelle, aus der jeweils die benötigten Massen der einzelnen Metalle und die Gesamtmasse der Legierung zu entnehmen sind, wenn man

   a) von A 265 g; (350 g; 470 g bzw. 1 000 g)

   b) von E 30 g; (40 g; bzw. 50 g) verwendet.

Ⓛ   z.B. von A 265 g; dann von B: $270 \cdot \frac{265}{530} \, g = 270 \cdot \frac{1}{2} \, g = 135 \, g$, von C 81,5 g, von D 17,5 g, von E 12,5 g.

2.4.3. Zuordnung in einem Größenbereich

Zielsetzung: *Man beachte die Bemerkungen in 2.1 und die Kommentare und Merksätze im laufenden Text. Auf einen kritischen Gebrauch der eventuell beim ETR vorhandenen %-Taste ist besonders hinzuweisen. In der Hinführung zu den Begriffen „prozentuales Wachstum", „Wachstumsfaktor" usw. (vgl. 2.8) ist die Identität $a + \frac{P}{100} \cdot a = a \, (1 + \frac{P}{100})$ von großer Bedeutung. Den Wert von $1 + \frac{P}{100}$ lasse man bei vorgegebenen Prozentsatz (p %) auf jeden Fall „im Kopf" berechnen. Die Berechnung von durchschnittlichen „Wachstumsraten" sollten im „Probier-Verfahren" berechnet werden (z.B. Aufgaben 4. und 9. bis 14.); auf die Tasten $\sqrt[x]{y}$ oder y^x kann (soll?!) zunächst verzichtet werden. Erstellen (Synthese) und Interpretieren (Analyse) von Tabellen und Graphiken sind unerläßliche Fähigkeiten für jeden, der mit Verständnis weite Bereiche seiner Zeitung oder Tagesschau erfassen können soll! Bei der Zinsrechnung (2.4.3.2) erhalten einerseits die Begriffe der Prozentrechnung (2.4.3.1) lediglich andere Bedeutung; andererseits kommt als neuer Parameter die Zeit(-spanne) hinzu. Von besonderem Interesse sind in 2.4.3.2 die Aufgaben 3. bis 10., deren Inhalt großes Sachinteresse wecken soll, deren Durchrechnung aber ohne ETR leicht entmutigend ist.*

2.4.3.1. Prozentrechnung

Die Prozentrechnung ist eine spezielle proportionale Zuordnungs-Rechnung. Bei den „Grundaufgaben" 1. und 2. wird einer Größe x stets die Größe y desselben Größenbereichs zugeordnet. „Pro-zent" ist dem Lateinischen „pro centum" entnommen und bezeichnet die gemeinsame Bezugszahl 100 als Nenner zu vergleichender Brüche. Anstelle des Symbols % (sprich „Prozent"; entlehnt aus „cto") schreibt man häufig noch „v.H." (sprich „von Hundert).

Begriffe und Grundaufgaben zeigt folgende Zusammenstellung.

Begriffe und Symbole	Grundwert G; Prozentwert w; Prozentsatz p	
Aufgabentyp	Lösung	Frage
1. geg.: Grundwert Prozentsatz ges.: *Prozentwert*	$G \xrightarrow{\cdot \frac{p}{100}} w$ $\boxed{G} - \boxed{\times \Big/ \frac{p}{100}} - \boxed{=}$ ergibt w	Wieviel sind p % vom Grundwert G?
2. geg.: Prozentsatz Prozentwert ges.: *Grundwert*	$w \xrightarrow{: \frac{p}{100}} G$ $\boxed{w} - \boxed{\div \Big/ \frac{p}{100}} - \boxed{=}$ ergibt G	*Von* wieviel ist der Prozentwert w genau p %?
3. geg.: Grundwert Prozentwert ges.: *Prozentsatz*	$w \xrightarrow{: G} \frac{p}{100}$ $\boxed{w} - \boxed{\div \Big/ G} - \boxed{=}$ ergibt $\frac{p}{100}$ (!)	Wieviel Prozent entspricht der Prozentwert w vom Grundwert G?

Beispiele:

1. 11 % von DM 750 wird berechnet durch:

$\boxed{750} - \boxed{\times \Big/ 0,11} - \boxed{=}$ Ergebnis: p = 82,50 DM

2. Von wieviel kg sind 3,58 kg genau 5,75 %

$\boxed{3,58} - \boxed{\div \Big/ 5,75} - \boxed{\times \Big/ 100} - \boxed{=}$ oder *schneller:*

$\Leftrightarrow \boxed{3,58} - \boxed{\div \Big/ 0,0575} - \boxed{=}$ Ergebnis: G = 62,26 kg

3. Wieviel Prozent entsprechen 15,3 m von 250 m (2,5 km bzw. 250 cm)?

$\boxed{15,3} - \boxed{\div \Big/ 250} - \boxed{=}$ Ergebnis: 0,0612 entspricht 6,12 %

$\boxed{1530} - \boxed{\div \Big/ 2500} - \boxed{=}$ Ergebnis: 0,612 % = 6,12 ‰ („Promill")

$\boxed{1530} - \boxed{\div \Big/ 2,55} - \boxed{=}$ Ergebnis: 612 %

Anmerkung:

Der RAP $\boxed{G} - \boxed{\times \Big/ \frac{p}{100}} - \boxed{=} - \boxed{\div \Big/ \frac{p}{100}} - \boxed{=} \leftarrow$

$\qquad\qquad\uparrow\qquad\qquad\qquad\uparrow\qquad\qquad\qquad$
$\quad$ Grundwert $\quad$ Prozentwert $\quad$ Grundwert

zeigt „augenfällig" den Zusammenhang zwischen 1. und 2. Aufgabentyp:

$\boxed{\times \Big/ \frac{p}{100}}$ kennzeichnet den „Gegenoperator" zu $\boxed{\div \Big/ \frac{p}{100}}$.

Der Lösungsweg des 3. Aufgabentyps ist unmittelbar dem 1. Typ zu entnehmen: Ein Multiplikations-Operator soll dem Eingang G den Ausgang w zuordnen, d.h.

$G \xrightarrow{\boxed{\cdot}} w$ oder der RAP $\boxed{G} \!-\! \boxed{\times} \!-\! \boxed{=}$ ergibt w

Dieser Operator soll nach Aufgabentyp 1. $\boxed{\dfrac{P}{100}}$ „heißen", d.h.

$\dfrac{p}{100} = \dfrac{w}{G}$ oder der RAP $\boxed{w} \!-\! \boxed{\div} \!-\! \boxed{G} \!-\! \boxed{=}$ ergibt $\dfrac{p}{100}$.

Die Multiplikation (Division) mit (durch) 100 sollte *generell im Kopf* bzw. durch „Kommaverschiebung um zwei Dezimalstellen" erfolgen, *nicht* unökonomisch *mit dem ETR*!

Dieses Vorgehen ist besonders im Unterricht sinnvoller als (und genauso schnell wie) die Benutzung der $\boxed{\%}$-Taste einiger ETR! Das gilt in besonderem Maße auch für den weiteren Aufgabentyp: die Berechnung des um einen Prozentwert vermehrten Grundwertes;

RAP: $\boxed{G} \!-\! \boxed{\times} \!-\! \boxed{\dfrac{p}{100}} \!-\! \boxed{+} \!-\! \boxed{G} \!-\! \boxed{=} \iff \boxed{G} \!-\! \boxed{\times} \!-\! \boxed{1 + \dfrac{p}{100}} \!-\! \boxed{=}$

$$\underbrace{\qquad\qquad\qquad\qquad}_{\text{Kopfrechnen!}}$$

ETR mit %-Automatik rechnen häufig nach dem RAP $\boxed{G} \!-\! \boxed{+} \!-\! \boxed{p} \!-\! \boxed{\%} \!-\! \boxed{=}$. Das kann zum unverstandenen Gebrauch eines „Kochrezepts" werden!

Aufgaben

1. Ein Kaufmann kauft Mäntel in sieben verschiedenen Preisklassen ein:

Anzahl	5	7	12	3	13	15	21
Einkaufspreis je Stück in DM	123,50	243,—	178,50	531,—	362,30	178,—	69,10

Erstelle eine Tabelle, aus der zu entnehmen ist

a) Einkaufspreis für alle Mäntel einer Preisklasse,

b) Gewinn in DM pro Mantel und pro „Mantelklasse", der mit 22,5 % angesetzt wird,

c) Mehrwertsteuer (11 % vom Einkaufspreis vermehrt um den Gewinn) pro Mantel und Mantelklasse,

d) Verkaufspreis pro Mantel und Mantelklasse,

e) Gesamt-Einkaufspreis, -Gewinn, -Mehrwertsteuer, -Verkaufspreis.

Wieviel Prozent ist der Verkaufspreis höher als der Einkaufspreis?

Ⓛ   e) Gesamteinkaufspreis: 14 884,50 DM; Gewinn: 3 349,01 DM; MWSt 2 005,69 DM.

Merke:

1. Als Grundwert wird immer der *Ausgangswert* (hier Einkaufspreis) betrachtet.

2. Grundwert G *zuzüglich* p % von G berechnet man $G + \dfrac{p}{100} \cdot G = G \cdot \left(1 + \dfrac{P}{100}\right)$, z.B. p = 23 %

   $\boxed{G} \!-\! \boxed{\times} \!-\! \boxed{1,23} \!-\! \boxed{=}$ Entsprechend: $G - \dfrac{P}{100} \cdot G = G \left(1 - \dfrac{P}{100}\right)$ z.B. 3 % Skonto:

   $\boxed{G} \!-\! \boxed{\times} \!-\! \boxed{0,97} \!-\! \boxed{=}$.

2. Was ist Dir „lieber": zunächst 25 % Rabatt (Skonto) und anschließend 13 % Mehrwertsteuer oder von dem um 13 % erhöhten Grundbetrag 25 % Rabatt zu erhalten?

   a) Berechne jeweils die Endpreise und den prozentualen Unterschied zu den Grundpreisen:

      25,– DM, 100,– DM, 150,– DM, 250,– DM (Tabelle),

   b) Übertrage die gefundenen Werte in eine Koordinatendarstellung.

3. Ergänze folgende Tabelle (schätzen, rechnen, Runden):

alter Preis	23,50	357,90			25,–	35,–
1. Erhöhung %	6,5	6,3	6,1	5,5		
1. Endpreis DM					30,–	40,–
2. Erhöhung %	5,8	5,7	5,9	4,5		
2. Endpreis DM			100,–	500,–	35,–	45,–
Gesamtpreiserhöhung in %, bezogen auf den alten Preis						

Ⓛ   Gesamtpreiserhöhungen: 12,7 %; 12,4 %; 12,4 %; 10,2 %; 40 %; 28,6 %.

4. Es gab 1976 ca. 3,9 Milliarden Menschen. Davon waren 34 % Gelbe, 32 % Weiße, 26 % Braune, 7 % Schwarze, 1 % Rote oder Mischlinge; 29 % Christen, 14 % Moslems, 13 % Hindus und 12 % Buddhisten; 80 % „Arme" und 20 % „Reiche".

   a) Gib jeweils die zugehörigen Anzahlen (für 1976) an. (Zeichne Kreis- und Streifendiagramme!)

   b) Wie hoch wird die Anzahl der Menschen 1980, 2000, 2050 sein, wenn ein jährlicher Geburtenüberschuß von 0,5 % (1 %, 1,5 %, 2 % bzw. – 1 %) angenommen werden kann? (Tabelle, Koordinatendarstellung)

   c) Nimm an, die Gelben haben eine (jährliche) Wachstumsrate von 1,5 %, die Weißen von 0,2 %, die Braunen von 1 % und die übrigen von 0,8 %. Tabelliere die Gesamtbevölkerung und die prozentualen Anteile der einzelnen Gruppen für 1976, 1980, 2000.

   d) Erstelle eine entsprechende Tabelle unter der Annahme, daß die Wachstumsrate der Reichen 0,1 %, die der Armen 1,3 % beträgt.

   e) Angenommen, die Moslems haben eine Wachstumsrate von 3 %, *alle* Menschen durchschnittlich von 1 %. Wann gibt es mehr Moslems als Menschen?!? ...

Ⓛ   b) RAP $\boxed{3,9}$—$\boxed{\times\ 1,02}$—$\boxed{=}$ ergibt 4,22; d.h. 1980 gibt es bei einem jährlichen

                    $\boxed{4\ \text{mal}}$

      Geburtenüberschuß von 2 % ca. 4,22 Milliarden Menschen (2000 ca. 6,27 Milliarden; 2050 ca. 16,9 Milliarden).

     e) 1976 gab es ca. 546 Millionen Moslems in ca. 69 Jahren gibt es ca. 4,2 Milliarden Moslems und ca. 4,18 Milliarden Menschen!??

5. Messing ist eine Metallegierung aus 40 % bis 90 % Kupfer und 60 % bis 10 % Zink.

Kupfer		Zink		Messing
kg	%	kg	%	kg
125	40			
125	55			
125	90			
125		130		
125		115		
125		75		
125				180
125				150
125			10	
125			40	
125			60	

6. Luft enthält 78 % Stickstoff, 21 % Sauerstoff, 0,9 % Edelgase und 0,03 % Kohlendioxyd.

a) Tabelliere die Volumen dieser Bestandteile in sinnvollen Volumeneinheiten für einen luftge-
füllten Raum von 1 cm^3; 1 dm^3; 1 m^3; 1 km^3.

b) Wie groß sind die einzelnen Massen, wenn für alle Luftbestandteile eine Masse von 1 g für $\frac{3}{4}$ l
Volumen angenommen wird?

Ⓛ   b) z.B. in 1 cm^3 sind unter diesen Voraussetzungen: $1 : 750 \cdot 0{,}78$ g $\approx 0{,}001$ g Stickstoff,
0,0003 g Sauerstoff, 0,00001 g Edelgase und 0,000 000 4 g Kohlendioxyd.
In 1 km^3 (= 10^{15} cm^3) sind ca. $4 \cdot 10^{-7} \cdot 10^{15}$ g = $4 \cdot 10^8$ g = $4 \cdot 10^5$ kg = 400 t Kohlendioxyd.

7. Ein Braunkohlebunker eines Kraftwerkes faßt 120 000 t. Ein Eimerkettenbagger schafft stündlich
7 500 t in die Heizkessel zur Erwärmung des Wassers (Wasserdampfes). Die Braunkohle verbrennt
und staubbeladene Rauchgase gelangen über *drei* Elektrofilter, die hintereinander geschaltet sind
und *jeweils* 75 % der Staubteilchen auffangen, durch den Schornstein nach draußen. Diskutiere,
tabelliere, zeichne: Wann ist der Bunker $^1/_2$, $^1/_4$, $^1/_8$ voll, ganz leer?
Wieviel Kohlenstaub gelangt stündlich, täglich … maximal nach draußen?

Ⓛ   Der Bunker ist nach 16 Stunden leer. Beim zweiten Filter kommen nur noch 25 % oder
$^1/_4$ aller Staubteilchen an, von denen wieder 75 % oder $^3/_4$ aufgehalten werden. Durch
den dritten Filter gelangen nur noch $0{,}25 \cdot 0{,}25 \cdot 0{,}25$ oder $^1/_4 \cdot ^1/_4 \cdot ^1/_4 = (^1/_4)^3 \approx 0{,}016$,
d. h. ca. 1,6 % aller Staubteilchen. Stündlich gelangt also (maximal)
120 000 : 16 $\cdot$ 0,016 t = 120 t Kohlenstaub nach draußen.

8. a) Interpretiere folgende Graphik:

Komfort in der EG je 1000 Einwohner (Stand Anfang 1975)

Telefone	
DK	429
LUX	405
GB	367
NL	346
D	303
B	272
I	248
F	236
IRL	120

PKW	
LUX	357
F	288
D	280
B	259
I	257
NL	257
GB	251
DK	248
IRL	164

Fernseher	
GB	309
D	298
DK	282
NL	258
B	244
F	237
LUX	227
I	208
IRL	176

b) Trage die Prozentsätze für die einzelnen Länder, bezogen auf die (West-)Deutschen Werte ein.

c) Entsprechen die „Balkenlängen" (Streifenlänge) den zugehörigen Werten, oder sind die Graphiken „manipuliert"?

9. a) Interpretiere die Graphik!

Lohnkaufkraft sinkt!
Kaufkraft der *Netto*verdienste je Arbeitnehmer:
Veränderung in %

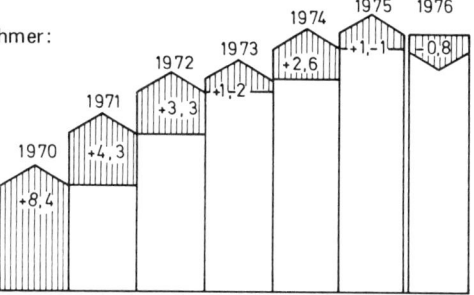

b) Um wieviel Prozent verändern sich jährlich die Nettoeinkommen, wenn man von einem durchschnittlichen Preisanstieg von 6,5 % ausgeht?
(Veränderung des Nettoeinkommens = Preisanstieg + Veränderung der Lohnkaufkraft)

c) Wie hoch war unter *diesen Annahmen* das Nettoeinkommen von Herrn Müller 1970 bis 1975, wenn es 1976 DM 1 500,— betrug?

d) Wieviel Prozent vom Nettoeinkommen in 1970 entsprechen die Nettoeinkommen in den folgenden Jahren?

e) Wie hoch ist der durchschnittliche prozentuale Jahreszuwachs p der Nettoeinkünfte von Herrn Müller von 1970 bis 1976?

(Vorsicht! Es muß gelten: „Netto 1969 mal $(1 + \frac{P}{100})$ mal $(1 + \frac{P}{100})$ ... gleich Netto 1976", vgl. Aufgabe 10.)

Ⓛ b) 8,4 % + 6,5 % = 14,9 %; 10,8 %; 9,8 %; 7,7 %; 9,1 %; 7,6 %; 5,7 %;

c) 1975:   1500 : 1,057 DM = 1419,11 DM;   1970 betrug es:

1500 : 1,057 : ... : 1,108 DM ≈ 922,62 DM.

d) in 1976 ca. 163 % des Einkommens von 1970.

e) ca. 8,4 % (denn: 922,62 · $1,084^6$ ≈ 1500).

10. Konjunkturentwicklung (Veränderungen jeweils gegenüber dem Vorjahr in %)

1973 1974 1975 76 1Hj.	-3,2 / 0,5 / 5,1 / 5,9	Wirtschaftswachstum
1973 1974 1975 76 1Hj.	6,9 / 7,0 / 6,0 / 5,2	Preise
1973 1974 1975 76 1Hj.	1,2 / 2,6 / 4,7 / 5,0	Arbeitslosenquote
1973 1974 1973 76 1Hj.	8,3 / 9,8 / 7,2 / 4,4	Verdienst je Beschäftigten (netto)
1973 1974 1975 76 1Hj.	2,7 / 0,2 / 2,6 / 3,8	Privater Verbrauch (real)
1973 1974 1975 76 1Hj.	3,6 / 1,6 / 6,2 / 20,3	Gewinne und Vermögens- erträge (netto)
1973 1974 1975 76 1Hj.	-8,1 / 0,6 / -4,1 / 5,8	Investitionen
1973 1974 1975 76 1Hj.	19,7 / 29,5 / -3,9 / 13,7	Ausfuhr

a) Wieviel Prozent sind seit Anfang 1973 bis zum 1. Hj. 1976 die Preise, Arbeitslosenquote, ...
   Ausfuhr gestiegen?
   (z. B. Wirtschaftswachstum: ⎡1,051⎤—⎡× ╱ 1,005⎤—⎡× ╱ 0,968⎤—⎡× ╱ 1,059⎤—⎡=⎤ ergibt ca. 1,083.
   Antwort: 8,3 %.)

b) Wie hoch ist die durchschnittliche Wachstumsrate q von 1973 bis 1976 für Preise, ... Ausfuhr.

   Z. B. Wirtschaftswachstum: ⎡1⎤—⎡× ╱ q⎤—⎡=⎤ 1,083
                                    └─ 4 mal ─┘

entspricht: q^4 = 1,083
Ergebnis: q ≈ 1,020
d. h. ca. 2 % jährliches Wachstum.

11. EG-Milch schwappt über:
Bestände in den EG-Ländern
in 1000 Tonnen

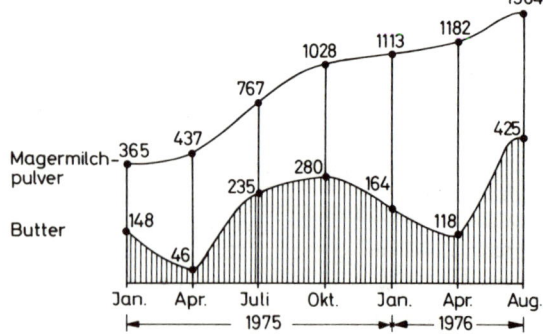

a) Berechne den viertel-jährlichen prozentualen Zuwachs, der Magermilchpulver- und Butter-
bestände in der EG (Tabelle, Koordinaten-Darstellung).

b) Wie hoch ist der prozentuale durchschnittliche Zuwachs dieser Bestände in 1975 bzw. von
Jan. 1975 bis August 1976?

c) Überprüfe, ob die obige Zeichnung mit den eingetragenen Werten „korrekt" ist oder „manipuliert".

12. a) Erstelle eine Koordinatendarstellung für das Brutto-Sozialprodukt von 1958 bis 1976
(1960 ca. 300 Milliarden DM).

b) Berechne die durchschnittlichen jährlichen Wachstumsraten für die Zeiträume 1958 bis 1963;
1963 bis 1967; 1967 bis 1971; 1971 bis 1975 und 1958 bis 1976.

c) Was versteht man unter „Null-Wachstum"?

d) Wage eine Prognose über den Zeitpunkt des nächsten Wirtschaftstiefs (Rezession)?

e) Wie lange würde es bis zu einer Verdopplung des Brutto-Sozialprodukts in der BRD dauern,
wenn ab 1976 ein Zuwachs von jährlich 4 % realistisch ist?

Wachstumswellen der Wirtschaft   Veränderung des realen Bruttosozialprodukts in %

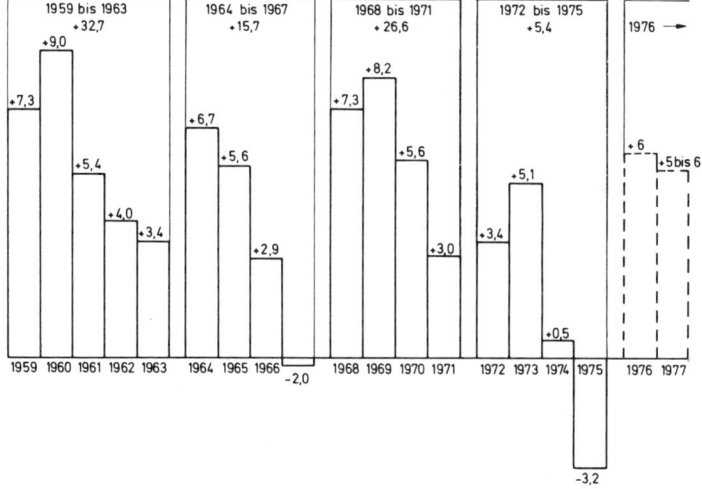

b) z. B. 1959 bis 1963: $1{,}073 \cdot 1{,}09 \cdot 1{,}054 \cdot 1{,}04 \cdot 1{,}034 = q^5$ ergibt $q \approx 1{,}05$, d. h. 5 %
durchschnittliches Wachstum.

c) Nullwachstum (p % = 0 %; q = 1) bedeutet konstante, unveränderte Werte.

e) ca. 18 Jahre ($1{,}04^{18} \approx 2$).

13. 1971 gab ein Vier-Personen-Haushalt 11 % oder 1690 DM vom Gesamt-Familien-Etat aus.
1975 waren es 2950 DM oder 14 % von ihrem Etat. Diskutiere!

14. Man schätzt, daß 1976 in der BRD 15 Millionen Tonnen Müll anfallen und daß sich das Müllgewicht
in 10 Jahren, das Müllvolumen in 20 Jahren verdoppelt.

a) Wie lang ist eine „Lastwagenkette", die diesen Müll transportieren kann (1976, 1986)?

b) Um wieviel Prozent wächst demnach in den nächsten Jahren durchschnittlich das Müllgewicht
bzw. -Volumen (Zeichnung, Tabelle).

(L)   Müllgewichtszunahme um ca. 7 %; -volumenzunahme um ca. 3,5 %

2.4.3.2. Zinsrechnung

Die Zinsrechnung ist eine spezielle Prozentrechnung im Größenbereich „Geldwerte". Dabei entsprechen sich die Begriffe:

Grundwert (Ausgangswert) G   und   *Kapital* (Anfangskapital) K
Prozentwert w   und   *Zinsen Z*
Prozentsatz p   und   *Zinssatz p*

Der Zinssatz bezieht sich (immer) auf ein Jahr. Es gelten also zur Berechnung von *Jahres*-Zinsen, *Jahres*-Zinssatz und Kapital entsprechende Formeln (vgl. 2.4.3.1):

Beispiele:

1. 856,— DM erbringen bei 4,5 % Jahreszinssatz $\left(\boxed{856} - \boxed{\times} - \boxed{\frac{4,5}{100}} - \boxed{=} \right)$ 38,52 DM Zinsen.

allg. $\boxed{K} - \boxed{\times} - \boxed{\frac{p}{100}} - \boxed{=}$ bzw. $Z = K \cdot \frac{p}{100}$

2. Um Jahreszinsen von 273,— DM bei 3 $^1/_2$ % Verzinsung zu erzielen, muß man ein Kapital von

$\left(\boxed{275} - \boxed{\div} - \boxed{\frac{3,5}{100}} - \boxed{=} \right)$ (ca.) 7 800,— DM besitzen.

allg. $\boxed{Z} - \boxed{\div} - \boxed{\frac{p}{100}} - \boxed{=}$ bzw. $K = Z \cdot \frac{100}{p}$

3. Ein Kapital von 280,— DM erbringt 15,— DM an Jahreszinsen, wenn der Zinssatz
($\boxed{15} - \boxed{\div} - \boxed{2,8} - \boxed{=}$) zwischen 5,3 % und 5,4 % liegt.

allg. $\boxed{Z} - \boxed{\div} - \boxed{\frac{K}{100}} - \boxed{=}$ bzw. $p = \frac{Z}{K} \cdot 100$

Allgemeine(Quotienten-)Formel $\boxed{\frac{Z}{K} = \frac{p}{100}}$

> **Merke:**
> a) Je höher das Kapital, desto höher die Zinsen (bei gleichem Zinssatz).
> b) Je höher der Zinssatz, desto höher die Zinsen (bei gleichem Kapital).
> c) Je höher das Kapital, desto niedriger der Zinssatz (bei gleichen Zinsen).

Aufgaben

1. Ein Kaufmann hat sechs verschiedene Konten bei verschiedenen Banken.
   a) Ergänze die Tabelle!

Bank	a	b	c	d	e	f
Zinssatz in %	3,5	4,2	3,5	4,2		
Kapital in DM	12 370,—	15 300,—			5 262,50	3 700,—
Zinsen in DM			498,75	756,—	210,50	125,80
Endkapital in DM						

b) Wie hoch ist das gesamte Endkapital K_1 einschließlich Zinsen nach einem Jahr?

c) Wie hoch ist die durchschnittliche Verzinsung (bei allen sechs Banken)?

(L) b) 71 549,10 DM   c) ca. 3,9 %

2. Was berechnet man mit folgendem RAP? Erfinde Aufgaben dazu.

a) $\boxed{K} - \boxed{\times\ p} - \boxed{\div\ 100} - \boxed{=} - \boxed{+\ K} - \boxed{=}$

b) $\boxed{P} - \boxed{\div\ 100} - \boxed{+\ 1} - \boxed{=} - \boxed{\times\ K} - \boxed{=}$

c) $\boxed{K} - \boxed{\times\ 1{,}075} - \boxed{=}$

d) $\boxed{E} - \boxed{\times\ 0{,}945} - \boxed{=}$

e) $\boxed{K} - \boxed{\times\ 0{,}04} - \boxed{\div\ 2} - \boxed{=}$

f) $\boxed{K} - \boxed{\times\ 0{,}04} - \boxed{\times\ 3} - \boxed{=}$

g) $\boxed{K} - \boxed{\times\ 0{,}04} - \boxed{\div\ 365} - \boxed{\times\ 75} - \boxed{=}$

h) $\boxed{K} - \boxed{\times\ 0{,}04} - \boxed{\div\ 12} - \boxed{\times\ 5} - \boxed{=}$

i) $\boxed{Z} - \boxed{\div\ 4} - \boxed{\times\ 100} - \boxed{\div\ 5} - \boxed{\times\ 12} - \boxed{=}$

j) $\boxed{K} - \boxed{\times\ 1{,}04} - \boxed{=}$
       └─ 3 mal ─┘

Merke: Für 6 Monate oder $^1/_2$ Jahr erhält man nur die halben Jahreszinsen, für 3 Monate $^1/_4$, für 5 Monate $^5/_{12}$ der Jahreszinsen.

Allgemein: Für m-Monate erhält man $\frac{m}{12}$ der Jahreszinsen, für t Tage erhält man $\frac{t}{360}$ der Jahreszinsen, d. h. mit $\boxed{K} - \boxed{\times\ \frac{P}{100}} - \boxed{\times\ m} - \boxed{\div\ 12} - \boxed{=}$

und $\boxed{K} - \boxed{\times\ \frac{P}{100}} - \boxed{\times\ t} - \boxed{\div\ 360} - \boxed{=}$ berechnet man die Zinsen für m-Monate bzw. t Tage.

Die Formeln $\quad Z = K \cdot \dfrac{P}{100} \cdot \dfrac{m}{12} ;\quad$ m Anzahl der Monate

bzw. $\quad Z = K \cdot \dfrac{P}{100} \cdot \dfrac{t}{360} ;\quad$ t Anzahl der Tage

stimmen jedoch nur dann, wenn die Zinsen am Jahresende *nicht* dem (Anfangs-)Kapital zugeschlagen werden. *Dadurch bleibt das Kapital* während der Laufzeit (m Monate bzw. t Tage) *gleich.*

3. Berechne bei einer Verzinsung von 3 ½ % die Zinsen zum Jahresende (1 Monat $\triangleq$ 30 Tage).
Ergänze die Tabelle:

	Beginn der Verzinsung	Zinstage bis zum Jahresende	Einzahlung DM	Kontostand DM	Zinsen bis zum Jahresende DM
z.B.	8.1.	352	500,–	$\boxed{500}\!-\!\boxed{\times}\!\boxed{352}\!-\!\boxed{\times}\!\boxed{0,0000972}\!-\!\boxed{=}$
					Ergebnis: 17,11
	10.3.		250,–	750,–	
	15.5.		125,–		
	30.7.		75,50		
	13.8.		54,–		
	19.10.		146,50		
				Summe:	

Hast Du zunächst $\boxed{0,035}\!-\!\boxed{\div}\!\boxed{360}\!-\!\boxed{=}$ gerechnet und dieses Ergebnis gespeichert?

(L) Kontostände: 500,–; 750,–; ... bis 1151,–;
Zinsen: 17,11; 21,15; 19,14; 13,86; 13,38; 7,95 (in DM)

4. a) Ich erhalte ein Darlehen von 2 500,– DM für 3 (4, 6 bzw. 9) Monate. Nach dieser Zeit muß insgesamt zurückgezahlt werden 2 600,– DM (2 650,– DM, 2 680,– DM bzw. 2 700,– DM). Welche Jahreszinsen verlangt das Kreditinstitut?

b) Ich verleihe 100,– DM und verlange einen Tag später 101,– DM zurück. Ist das nicht Wucher?

(L) b) 360 % Jahreszinssatz

5. Ein Bauherr vermietet seinen Neubau. Vervollständige die Tabelle. Füge auch neue Spalten für Zwischenergebnisse ein.

Kosten des Neubaus in DM	Monatsmiete in DM	monatliche Abgaben des Vermieters in DM	Verzinsung des Kapitals in %
250 000,–	850,–	100,–	
250 000,–	1 100,–	140,–	
300 000,–	1 100,–	140,–	
300 000,–	1 100,–	180,–	
300 000,–		180,–	5
300 000,–		180,–	6

(L) Verzinsung in %: 3,6; 4,6; 3,8; 3,7;
Monatsmieten in DM: 1 430,–; 1 680,–;

6. Man kann ein Fernsehgerät für 1 350,– DM bar kaufen. Hat man das Geld nicht, so kann man dies für 9,5 % bei einer Bank leihen. Man kann aber auch sechs gleiche Monatsraten über 240,– DM an den TV-Händler zahlen.

a) Fülle die Tabelle aus. Die Monatszinsen werden für den *Rest*-Kaufpreis berechnet! Entscheide ob der Kredit zu 9,5 % oder die sechs Monatsraten günstiger sind!

Monate	Restkaufpreis DM	Rate DM	Monatszinsen (DM) bei einem Zinssatz von		
			5 %	8 %	12 %
0	1 350,–	–	5,63		
1	1 110,–	240,–	4,20		
2	870,–	240,–			
3	630,–	240,–			
4	390,–	240,–			
5	150,–	240,–			
6	(– 90,–)	240,–	–	–	–
Spaltensummen:					

b) Bei P % Zinssatz müßte man an Zinsen insgesamt zahlen

$$\frac{P}{100}\cdot\frac{1}{12}\,1350 + \frac{P}{100}\cdot\frac{1}{12}\,(1350 - 1\cdot 240) + \ldots + \frac{P}{100}\cdot\frac{1}{12}\,(1350 - 5\cdot 240) = \frac{P}{1200}\cdot(1350 + \ldots + 150) = ?$$

Kontrolliere hiermit das Ergebnis für die Summe der Monatszinsen.

c) Wie hoch ist der Zinssatz (P %), der der Differenz zwischen der Ratensumme und dem Kaufpreis entspricht?

Beachte hierzu: $(6\cdot 240 - 1350) = \frac{P}{100}\cdot\frac{1}{12}\,(1350 + \ldots + 150)$.

Ⓛ   a) Summe der Raten: 6 · 240,– DM = 1 440,– DM, d.h. 90,– DM wurden als „Raten-Zinsen" berechnet!

Spaltensummen: bei 5 % 18,75 DM, bei 8 % 30,– DM, bei 12 % 45,– DM, bei 24 % genau 90,– DM (vgl. c))

$$P = 1\,200 \cdot \frac{r\cdot n - K}{\sum\limits_{i=0}(K - i\cdot r)}$$

mit *n* als Anzahl der Monatsraten in Höhe *r* und *K* als Kaufpreis. Dabei wird die Summe $\sum\limits_{i=0}(K - ir)$ über alle *positiven* Summanden $(K - ir)$ gebildet.

7. Berechne (wie bei Aufgabe 6.) den effektiven Zinssatz:

Artikel	Kaufpreis (DM)	Anzahlung (DM)	Anzahl der Monatsraten (DM)	Höhe	Zinssatz
Fahrrad	150,–	–	6	27,–	
Kühlschrank	280,–	–	6	52,–	
Filmkamera	560,–	–	12	52,–	
Filmkamera	560,–	–	6	104,–	
Filmkamera	560,–	100,–	12	42,–	
Auto	12 500,–	1 500,–	12	995,–	

Ⓛ 29,1 %; 42,7 %; 28,0 %; 42,7 %; 19,2 %; 17,0 %;
Beachte: Wird eine Anzahlung A geleistet, so tritt an die Stelle von K in der Formel
zu Aufgabe 6. $K' := K - A$.

8. Ein Kreditinstitut gibt für 8 Monate ein Darlehen über 1 000,– DM. Es berechnet eine Bearbeitungs-
gebühr von 2 % (des Darlehens) und pro Monat 0,75 % des Darlehens als Zinsen. Das Darlehen ist
in 8 gleichen Monatsraten zurückzugeben:

Lösung:

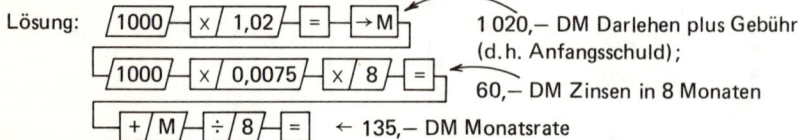

1 020,– DM Darlehen plus Gebühr
(d.h. Anfangsschuld);

60,– DM Zinsen in 8 Monaten

← 135,– DM Monatsrate

a) Berechne den effektiven Zinssatz.

b) Berechne die Monatsraten und den effektiven Zinssatz für die Beispiele:

Darlehen	Bearbeitungsgebühr	Anzahl der Monatsraten	monatlicher Zinssatz
1 000,– DM	2 %	8	0,65 %
1 000,– DM	2 %	12	0,65 %
4 500,– DM	2 %	6	0,5 %
4 500,– DM	2 %	12	0,5 %
4 500,– DM	2 %	12	0,75 %
4 500,– DM	1 %	12	0,85 %
4 500,– DM	–	12	0,85 %

Stelle Merkregeln für Ratenkäufe auf, z.B. je höher die Anzahl der Monatsraten, desto ...... der
effektive Zinssatz.

9. Bei Zahlungen innerhalb eines gewissen Zeitraumes nach Lieferung einer Ware erhält man manchmal
einen Barzahlungsrabatt oder ein Skonto.

a) Angenommen, folgende Rechnungsbeträge sind innerhalb von sieben Tagen mit dem angegebenen
Skonto, innerhalb von 30 Tagen ohne Abzug zu zahlen. Fülle die Tabelle aus:

Rechnung Nr.	Rechnungsbetrag in DM	innerhalb sieben Tage		
		Skonto in %	in DM	Überweisungsbetrag in DM
1	150,50	2		
2	255,30	2		
3	3 540,–	3		
4	4 780,50	1 ½		
5	42 500,–	2 ½		

b) Angenommen, die Rechnungen werden erst nach 15, 25 bzw. 29 Tagen bezahlt, wodurch man
das Skonto für die entsprechende Zeit (nach dem siebenten Tag) als „Zinsen" verliert. Berechne
diese Zinssätze. Erweitere die obige Tabelle um drei Ergebnisspalten.

Zum Beispiel bei einem Rechnungsbetrag von 150,– DM bedeutet ein Skonto von
($\boxed{150} - \boxed{\times\,0,02} - \boxed{=}$) 3,– DM für (15 – 7 =) 8 Tage einen Zinsverlust von
($\boxed{3} - \boxed{\times\,100} - \boxed{\div\,150} - \boxed{\times\,360} - \boxed{\div\,8} - \boxed{=}$) 90 %.

(L) b) Bei einer Zahlung nach 15 Tagen hast Du innerhalb von (15 − 7 =) 8 Tagen einen
Skontoverlust von

1. 3,01 DM oder 90 %,   4. 71,71 DM oder 67,5 %,
2. 5,11 DM oder 90 %,   5. 1 062,50 DM oder 112,5 %
3. 106,30 DM oder 135 %,   (Jahreszinssatz).

10. Eine Familie mit zwei Kindern schließt einen Bausparvertrag ab. Die Bausparsumme beträgt
50 000,− DM. Sieben Jahre lang werden jeweils zum 30.3. und 30.9. 800,− DM eingezahlt.
Die Bausparkasse verlangt 1 % „Abschlußgebühr" von der gesamten Bausumme. Die Spareinlagen
werden mit 3 % verzinst. Jährlich zahlt der Staat Prämien in Höhe von 27 % der Sparleistungen
(1 600,− DM), die zum 1. Januar gutgeschrieben werden sollen.

a) Erstelle einen „Kontoauszug" bis zum Ende des siebenten Jahres.

b) Nimm an, es würden keine Prämien gewährt, wohl aber ein erhöhter Haben-Zinssatz von 7 %,
8 % bzw. 9 %. Ergänze den Kontoauszug um drei Spalten. Vergleiche die Zwischen- und End-
kontostände. Wie hoch schätzt Du die effektive Verzinsung der Sparbeiträge?

(L) a)

Datum	Bemerkung	Einzahlung DM	Kontostand DM	Zinsen bis zur nächsten Änderung des Konto-standes (in DM)
30.3.77	Abschlußgebühr		−500,−	−
		800,−	300,−	4,50
30.9.77		800,−	1 100,−	8,25
1.1.78	Zinsen	12,75	1 112,75	
	Prämien	432,−	1 544,75	11,59
30.3.78		800,−	2 344,75	35,17
30.9.78		800,−	3 144,75	23,59
1.1.79	Zinsen	70,35	3 215,10	
usw.	Prämien	432,−		

Anmerkung: Die Aufgabe kann wesentlich vereinfacht werden, z. B. jährliche Einzahlung
von 1 600,− DM plus Prämie von 400,− DM sollen zum 31.12. jeden Jahres gutgeschrieben
werden und mit 3 % verzinst werden. Ohne Abschlußgebühr ergibt sich hierbei nach
7 Jahren ein Kontostand von

$$2000 \cdot (1,03^6 + 1,03^5 + \dots + 1,03) \text{ DM} = 2000 \cdot \frac{1,03^7 - 1}{0,03} \text{ DM} = 15\,325 \text{ DM} .$$

Das entspricht einer Effektivverzinsung von ca. 10 %.

2.5. Lineare Zuordnung

Zielsetzung: *Die lineare Zuordnung* $(y = x \cdot c + b)$ *ist eine „Verallgemeinerung" der proportionalen
Zuordnung* $(y = x \cdot c)$. *Charakteristisch hierfür ist die Konstanz des Quotienten, gebildet aus den
Differenzen* $(y_2 - y_1)$ *und* $(x_2 - x_1)$ *zweier zugeordneter Größenpaare. Dies ist das Maß für den
Anstieg von* y *in Abhängigkeit von* x; $c = \frac{\Delta y}{\Delta x}$ *als konstantes Steigungsmaß, d. h. für jede lineare
Zuordnung ist die zugehörige „Zuwachsfunktion" konstant (z. B.* c = 0,7 *„DM pro Gebühreneinheit"
in Aufgabe 1.). Graphische Darstellungen im Koordinatensystem sind bevorzugt zu üben (Aufgaben
4. bis 6.).*

Aufgaben

1. Die Fernsprech-, „Strom"-, Wasser- und Gasgebühren je Hausanschluß werden berechnet aus einem *Grundbetrag* zuzüglich der Gebühren je „Einheit" (Zeittakte, kWh, m^3).

a) Ergänze die Tabelle:

Tarif I		Tarif II	
Grundgebühr 23,50 DM; Gebühr je Einheit 0,70 DM		Grundgebühr 32,70 DM; Gebühr je Einheit 0,50 DM	
Einheiten	Gesamtgebühr in DM	Einheiten	Gesamtgebühren in DM
0		0	
z.B. $\boxed{10}$—$\boxed{\times}$$\boxed{0,7}$—$\boxed{+}$$\boxed{23,5}$—$\boxed{=}$ 30,50		13	
20		26	
30		43,5	
40		67,35	
50		92,05	
100		100	

b) Übertrage die beiden Tabellen in *ein* Koordinatensystem. (Wähle die x-Achse (Rechtsachse) als „Einheitenachse".)

c) Wo liest man die Grundgebühren ab? Wieviele Punkte (Wertepaare) muß man kennen, um die zugehörige Kurve zeichnen zu können?

d) Vergleiche die Tarife. Welchen würdest Du wählen, wenn Du 50 (70, 90, 100) Einheiten im Abrechnungszeitraum benötigst? In welchem Fall spielt die Tarifklasse keine Rolle?

e) x_1 und x_2 seien zwei Einheiten-Anzahlen, y_1 und y_2 die zugehörigen Gesamtgebühren. Berechne für obige Tarife die Werte der Quotienten $\dfrac{y_1}{x_1}$ und $\dfrac{y_2 - y_1}{x_2 - x_1}$ (jeweils sechs Beispiele).

Merke:

a) Bei b (= 23,50 DM) „Grundgebühr" und c (= 0,70 DM) „Gebühr pro Einheit" berechnet man die Gesamtgebühr y für x (= 30) Einheiten gemäß $\boxed{x}$—$\boxed{\times}$$\boxed{c}$—$\boxed{+}$$\boxed{b}$—$\boxed{=}$ (44,50 DM)

Formel: $\boxed{y = x \cdot c + b}$

für die *lineare Zuordnung* von x zu y.

b) Jede proportionale Zuordnung ist eine spezielle lineare Zuordnung (mit b = 0).

c) Für x = 0 gilt y = b; für $x_1 \neq x_2$ gilt $\dfrac{y_2 - y_1}{x_2 - x_1} = c$; c heißt *Steigungsmaß* (Maß für die Steigung der entsprechenden Geraden).

d) Beachte, daß y, b und das Produkt $x \cdot c$ *gleiche* Benennungen haben (bzw. alle unbenannte (reelle) Zahlen sind).

e) Im Koordinatensystem wird die lineare Zuordnung $y = c \cdot x + b$ durch eine Gerade dargestellt. Diese Gerade schneidet die y-Achse im „Abstand" b vom Nullpunkt. Die Konstante c ist ein Maß für die Steigung der Geraden.

2. Ergänze folgende Tabelle für die „Strom"-(el. Energie) Rechnung:

Monat	Zählerstand alt	neu in kWh	Einheiten	Gesamtgebühren in DM Tarif I	Tarif II
April	10383	10705			
Mai	10705	11030			
Juni	11030	11325			
Juli	11325	11478			
August	11478	11693			
Summen:					

Tarif I: Grundgebühr 7,— DM, Preis je kWh 0,11 DM.
Tarif II: Grundgebühr 13,25 DM, Preis je kWh 0,08 DM.
Welchen Tarif würdest Du wählen? (Die Summen-Bildung soll auch als Rechenkontrolle dienen!)

(L)   Summen: 1310 Einheiten;
      179,10 DM in Tarif I;   171,05 DM in Tarif II.

3. Zwei Fernmelderechnungen im gleichen Tarif weisen Gebühren von 51,81 DM für 87 Einheiten und 59,55 DM für 121 Einheiten auf. Entscheide durch Rechnung und Zeichnung:
a) Wie hoch sind die Gebühren pro Einheit?
b) Wie hoch sind die Grundgebühren?
c) Wieviel zahlt man für 208 Einheiten, wieviel für x Einheiten?

(L)   a) 22,8 Pf pro Einheit,
      b) 32,— DM Grundgebühr,
      c) $y = (32 + 0,228 \cdot x)$ DM mit $x = 208$ folgt $y = 79,43$ DM.

4. Ein Autofahrer muß mit 380,— DM für feste monatliche Kosten (Abschreibung, Inspektionen usw.) rechnen. Die Betriebskosten (Superbenzin, Öl, Reifen) betragen durchschnittlich für einen Kilometer 17 Pf.
a) Ergänze die Tabelle:

Fahrleistung je Monat in km	Gesamtkosten in DM	Gesamtkosten je Kilometer in $\frac{DM}{km}$
1000		
1500		
2200		
3000		
4000		

b) Erweitere diese Tabelle, wenn die festen Kosten 450,— DM und die Betriebskosten je Kilometer 14 Pf (für Dieselöl usw.) betragen.

c) Trage die Gesamtkosten einerseits und die Kosten je km für beide Fälle in je ein Koordinatensystem ein. Diskutiere die Schnittpunkte der Kurven!

(L)

    a) $y_1 = 380 + 0,17 \cdot x$; x gemessen in km, y in DM.
    b) $y_2 = 450 + 0,14 \cdot x$.
    c) Bei einer monatlichen Fahrleistung von mehr als 2340 km ist der Unterhalt des zweiten Autotyps günstiger.

5. Bei einer Lohn- und Gehaltserhöhung werden verschiedene Tarifverbesserungen vorgeschlagen:

    I. Eine „lineare" Erhöhung aller bisherigen Bezüge um 6,5 %.

    II. Eine einheitliche Erhöhung um einen „Sockelbetrag" von 80,— DM zuzüglich „linear" 4 %.

    III. Alle Bezüge werden einheitlich um 150,— DM erhöht. Bezüge über 2500,— DM erhalten zusätzlich eine Steigerung um 4 % vom Unterschiedsbetrag zu 2500,— DM.

    a) Erstelle eine Tabelle, aus der die jeweiligen Erhöhungen und die neuen Bezüge zu entnehmen sind für alte Bezüge von 1500,— DM, 2000,— DM, 2500,— DM, 3000,— DM, 5000,— DM.

    b) Zeichne je eine Koordinatendarstellung für die Erhöhungen und die neuen Bezüge in Abhängigkeit von den alten Bezügen (von 1000,— DM bis 10 000,— DM). Diskutiere die drei Tarife!

(L)

    I: $y_1 = 1,065 \cdot x$;
    II: $y_2 = 1,04 \cdot x + 80$;

$$\text{III: } y_3 = \begin{cases} x + 150, & \text{wenn } x \leq 2\,500 \\ x + 150 + 0,04 \cdot (x - 2\,500); & \text{wenn } x > 2\,500. \end{cases}$$

6. Drei PKW (P, K und W) fahren dieselbe Strecke von A nach B. Nachfolgende Tabelle enthält zu bestimmten Zeiten t_i die Entfernungen s_p, s_k, s_w vom Punkt A (in Richtung B).

i	Zeitpunkt t_i	Entfernung in km		
		s_p	s_k	s_w
1	12.00 h	0	12,5	18,3
2	12.15 h	34	42	46
3	12.30 h	67	70	75
4	12.50 h	116	115	108

a) Interpretiere diese Tabelle.

b) Übertrage diese Tabelle in *ein* Koordinatensystem.

c) Verbinde entsprechende Punkte (für P, K bzw. W) „möglichst gut" durch je eine Gerade.

d) Bestimme aus der Koordinatendarstellung für jede Gerade das Steigungsmaß (V_p', V_k', V_w') und die Zuordnungs- oder Funktionsgleichung zwischen Zeitpunkt (t) und Entfernung (s_p', s_k', s_w').

e) Erweitere die Tabelle um Spalten für die Werte der Zeitintervalle (Zeitabstände von einem Meßzeitpunkt zum nächsten) und für die tatsächlichen Durchschnittsgeschwindigkeiten in diesen Intervallen.

f) Bestimme (zeichnerisch und rechnerisch) die Entfernungen von A um 13.00 h und 13.25 h. Welche Annahmen macht man hierbei?

g) Wann überholt P den Wagen K, wann den Wagen W?

h) In welcher Zeit ist P von K (P von W, P von K und W gleichzeitig) nicht mehr als 5 km entfernt?

2.6. Umgekehrt (oder anti-) proportionale Zuordnung

Zielsetzung: *Viele Zuordnungsaufgaben sind vom Typ „je größer ... desto größer ...", viele vom Typ „je größer ... desto kleiner ...". Einige (längst nicht alle!) vom ersten „Typ" sind lineare oder (sogar) proportionale Zuordnungen; einige (längst nicht alle!) vom zweiten Typ gehören zur Klasse der umgekehrt proportionalen Zuordnungen (vgl. auch 2.2). Man betrachte bei jeder Aufgabe auch jeweils die („negative") Zuwachsfunktion, bei der einem Wertepaar (x, x_0) der Wert von*

$$\frac{y(x) - y(x_0)}{x - x_0} \text{ zugeordnet wird.}$$

Aufgaben

1. Man sagt: 34 ist der *komplementäre* Teiler von 102 bezüglich 3468, weil $34 \cdot 102 = 3468$ ist. Allgemein: $\overline{Z}$ ist komplementärer Teiler von Z bezüglich n, wenn $\overline{Z} \cdot Z = n$ ist ($\overline{Z}$, Z, n $\in \mathbb{N}$).
   a) Bestimme zu jedem Teiler von 12 (48 bzw. 3468) den komplementären Teiler bezüglich 12 (48 bzw. 3468).
   b) Formuliere Verteilungs- und Aufteilungsaufgaben hierzu nach folgender Art: 12 Pralinen sind an ..... Kinder gleichmäßig zu je ..... Pralinen zu verteilen. 12 Pralinen sind zu verpacken (aufzuteilen) zu je ..... Pralinen in ..... Schachteln.

2. a) Ein rechteckiges Grundstück hat eine Fläche von 625 m². Wie groß können hierbei die Maßzahlen a und b der Seitenlängen (gemessen in Meter) sein? Erstelle eine Tabelle und eine Koordinatendarstellung (mindestens 10 Wertepaare).
   b) Bei der Berechnung von b mit Deinem ETR benutze den RAP $\boxed{625}\!-\!\boxed{\div}\!-\!\boxed{a}\!-\!\boxed{=}$.
   c) Ergänze: Je größer a, desto .... b.

3. Ergänze die fehlenden Formeln (Terme) in der Tabellenüberschrift. Fülle danach die Leerstellen aus. Welche Tabellenspalten beschreiben proportionale Zuordnungen? Welche beschreiben lineare Zuordnungen?

x	$y_1 =$	$y_2 =$	$y_3 =$	$y_4 =$	$y_5 =$
0,5	6,2	10	25	12,4	2
2,5	31	2	5	37,2	0,4
7,5	93	$\frac{2}{3}$	$1\frac{2}{3}$	99,2	0,13 ...
12,5		0,4	1		
25		0,2	0,5		0,04

Ⓛ $y_1 = 12,4x$; $y_2 = \frac{5}{x}$; $y_3 = \frac{12,5}{x}$; $y_4 = 12,4x + 6,2$; $y_5 = \frac{1}{x}$

Merke: Die Zuordnung, bei der jedem x (eines Größenbereichs) genau ein y so zugeordnet wird, daß das Produkt $x \cdot y$ immer den gleichen Wert hat, heißt umgekehrt proportionale oder antiproportionale Zuordnung. Die y_i-Werte bilden zusammen mit den x_i-Werten *produktgleiche* Paare: $y_1 \cdot x_1 = y_2 \cdot x_2 = \ldots = c$.

4. Folgende Tabelle soll fünf umgekehrt proportionale Zuordnungen enthalten. Ergänze die Tabelle! Zeichne die entsprechenden Kurven (in *ein* Koordinatensystem). Interpretiere v als Geschwindigkeit (in $\frac{m}{s}$) und t als Zeitintervall (in s).

t	$v = \dfrac{600}{t}$	$v = \dfrac{660}{t}$	$v \cdot t = 300$	$v \cdot t = 450$	$\dfrac{1}{8} v \cdot t = 70$
10					
20					
35					
50					
75					
120					

Merke: Der RAP $\boxed{y}-\boxed{x}/\boxed{x}-\boxed{=}-\boxed{\div}/\boxed{x}-\boxed{=}$ ordnet (für $x \neq 0$) der *Eingabe* y die *gleiche*

↑ const   ↑ y

Ausgabe zu, d. h. $y \cdot x = c \Longleftrightarrow y = \dfrac{c}{x}$.

Aus $y \cdot x = c$ folgt:

a) Je größer x, desto kleiner ist y.

b) Dem n-fachen von x ist der n-te Teil von y zugeordnet.

c) Zuordnungsschema   d) RAP

   umgepr. Zuordnung   1. $\boxed{y_1}-\boxed{x}/\boxed{x_1}-\boxed{=}-\boxed{\to c}$

$x_1 - - \to y_1$ d. h. $y_1 \cdot x_1$ wird gespeichert;

$\cdot\boxed{\dfrac{x_2}{x_1}} \downarrow \quad \downarrow \cdot\boxed{\dfrac{x_1}{x_2}}$ 2. $\boxed{c}-\boxed{\div}/\boxed{x_2}-\boxed{=}$ ergibt y_2.

$x_2 - - \to y_2$

---

5. Es gibt (Armband-)Uhren mit einer „Geschwindigkeits-Skala". Auf dieser liest man z. B. bei der Stunden-Ziffer 3 die Geschwindigkeit von $\dfrac{1000}{15}\,\dfrac{m}{s} = \dfrac{1}{\frac{15}{3600}}\,\dfrac{km}{h} = 240\,\dfrac{km}{h}$ ab, wenn man für

1000 m genau 15 s benötigt. (Zeitspanne, in der der Sekundenzeiger von „12" nach „3" wandert.)

a) Erstelle eine Wertetabelle, eine Koordinatendarstellung und eine solche kreisförmige Skala, woraus für jede Zeitdauer (in Sekunden) pro 1000 m die zugehörige (mittlere) Geschwindigkeit in $\dfrac{km}{h}$ abgelesen werden kann.

b) Wie ändert sich diese Zuordnung, wenn man die Zeitdauer nicht pro 1000 m sondern pro 100 m mißt?

c) Betrachte folgende Tabelle, in der Zeitspannen für einen Weg von 1 km verglichen werden. Bestimme die absoluten und relativen Zeit- und Geschwindigkeitsänderungen.

Beachte: $1\,\dfrac{m}{s} = \dfrac{\frac{1}{1000}}{\frac{1}{3600}}\,\dfrac{km}{h} = 3{,}6\,\dfrac{km}{h}$.

	t_1 (in s)	t_2 (in s)	V_1 (in km/h)	V_2 (in km/h)	$t_2 - t_1$ (in s)	$\dfrac{t_2 - t_1}{t_1}$	$V_2 - V_1$ (in km/h)	$\dfrac{V_2 - V_1}{V_1}$
z.B.	15	18	240	200	+ 3	0,2	− 40	− 0,17
	15	12						
	20	23						
	20	17						
	30	33						
	30	27						
	60	63						
	60	57						

Zum Beispiel V_1 wird berechnet: 1000 · 3,6 = 3600 wird gespeichert! $\boxed{3600}$ — $\boxed{\div}$ / $\boxed{15}$ — $\boxed{=}$

ergibt 240, d.h. $V_1 = 240\,\dfrac{km}{h}$.

Ⓛ a)

Stundenanzeige	1					2		3	4	5	6	7
Zeitspanne in s	1	2	3	4	5	8	10	15	20	25	30	35
Geschwindigkeit in km/h	3600	1800	1200	900	720	450	360	240	180	144	120	103
in m/s	1000	500	333	250	200	125	100	66,7	50	40	$33\frac{1}{3}$	28,6

6. Diskutiere: Es behauptet jemand, für eine (feste) Kapitaleinlage bei der Bank 125,– DM (250,– DM, 500,– DM) Zinsen für ein Jahr zu erhalten. Welche Beziehung zwischen Kapital und Zinssatz muß hierfür gelten? Zeichne!

   Ⓛ $125 = \dfrac{p}{100} \cdot K$. Der Graph für $K(p) = \dfrac{12\,500}{p}$ ist eine Hyperbel. (Vgl. Anhang 4 Seite 118.)

7. Licht hat eine endliche Ausbreitungsgeschwindigkeit von ca. $c = 300\,000\,\dfrac{km}{s}$. Den Wellencharakter beschreibt die Gleichung $\lambda \cdot \nu = c$ mit λ als *Wellenlänge* und ν als *Frequenz*. (Gemessen in Hz; 1 Hz = 1 „Schwingung pro Sekunde".) Berechne und stelle graphisch dar: die Abhängigkeit der Wellenlänge λ von der Frequenz ν für $10^{14}\,Hz \le \nu \le 10^{15}\,Hz$.

8. Eine Flüssigkeit strömt durch ein Rohr mit variabler Querschnittsfläche $(A_1, A_2, A_3 \ldots)$. In jeder Sekunde fließen durch jeden (voll ausgefüllten) Querschnitt $15\,000\,cm^3$. Wie groß sind die (mittleren) Geschwindigkeiten $(V_1, V_2 \ldots)$ in den jeweiligen Querschnitten $(V_1 \cdot A_1 = V_2 \cdot A_2 = \ldots)$?

9. Wie groß ist die „Reichweite" einer Auto-Tankfüllung von 48 *l* (54 *l* bzw. 60 *l*) in Abhängigkeit vom Kraftstoffverbrauch?

10. Eine rechteckige Wiese mit einer Flächengröße von $3\,600\,m^2$ soll rundum eingezäunt werden. Hierbei können die Zaunpfähle alle in gleichmäßigem Abstand von 3 m stehen. Welche Maße kann das Grundstück haben? Erstelle eine Tabelle, aus der neben diesen Maßen die Zaunlänge und die Anzahl der Pfähle zu entnehmen sind. Bei welchem Grundstück sind wohl die Kosten für die Umzäunung am geringsten (am größten)?

    Ⓛ Bei einer quadratischen Wiese der Seitenlänge 60 m sind die Kosten minimal. Es werden hier 80 $(= 4 \cdot \dfrac{60}{3})$ Pfähle benötigt.

11. Eine Fläche der nebenstehenden Form hat eine Größe
von 3,125 m². Welche Größen können die Seiten x
und y haben? (Tabelle, Koordinatensystem!)

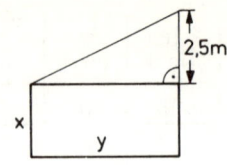

(L) $y = \dfrac{3,125}{x + 1,25}$

12. Diskutiere wie in Aufgabe 11. die Teilstrecke y
in Abhängigkeit von der Teilstrecke x des Parallelo-
gramms mit dem Flächenmaß 7 500 cm², d.h.
(x + 1,5 m) · (y + 0,5 m) = 0,75 m².

(L) $y = \dfrac{0,75}{x + 1,5} - 0,5$

2.7. Weitere Zuordnungsaufgaben

Zielsetzung: *vgl. Zielsetzung zu 2.6. Die Aufgaben sollen den sinnvollen Einsatz des ETR bei
Flächen- und Körperberechnungen und bei praktischen „Problemen aus unserer Umwelt" demonstrieren.*

Zuordnungen von Größen (Längen, Massen, Zeitintervallen usw.) sind längst nicht immer linear
oder umgekehrt proportional. Jedoch sind sie häufig durch Formeln (Funktionsterme) einfach zu
beschreiben.

Beispiele:

Quadrat	$A_\square = a^2$	Seite (a) $\rightarrow$ Fläche ($A_\square$)	
Kreis	$A_O = \pi r^2$	Radius (r) $\rightarrow$ Fläche (A_O)	
Kugel	$O_K = 4\pi r^2$	Radius (r) $\rightarrow$ Oberfläche (O_K)	
	$V_K = \dfrac{4}{3}\pi r^3$	Radius (r) $\rightarrow$ Volumen (V_K)	
Würfel	$V_W = a^3$	Kante (a) $\rightarrow$ Volumen (V_W)	
Zylinder	$V_Z = \pi r^2 h$	Radius, Höhe (r, h) $\rightarrow$ Volumen (V_Z)	
Kegel	$V_{Ke} = \dfrac{\pi}{3} r^2 h$	Radius, Höhe (r, h) $\rightarrow$ Volumen (V_{Ke})	
Pyramide	$V_P = \dfrac{1}{3} Gh$	Grundfläche, Höhe (G, h) $\rightarrow$ Volumen (V_P)	

Aufgaben

1. a) Erstelle für obige Formeln je einen RAP.

   b) Belege a bzw. r mit den Werten aus $\{0,01; 0,1; 0,25; 0,5; 1; 1,5; 2; 4; 8\}$ und erstelle eine Tabelle für die zugehörigen Werte von $A_\square$, A_O, O_K, V_K, V_W.

   c) Übertrage die in b) errechneten Werte in ein Koordinatensystem (achte auf die Maßeinheiten!).

   d) Erhöhe die Werte von a bzw. r aus a) um jeweils 10 % und erfasse die zugehörigen Werte von $A_\square$ bis V_W in einer zweiten Tabelle. Um wieviel Prozent wachsen die Werte von $A_\square$ bis V_W?

2. Bei einem physikalischen Versuch zum „freien Fall" werden zu bestimmten Zeitpunkten t die zugehörigen Fallstrecken s ermittelt und in einer Tabelle aufgeführt:

Meßpunkt	1	2	3	4	5	6
Zeit t (in s)	0,2	0,4	0,6	0,8	1,0	1,2
Weg s (in cm)	20	78	175	310	500	700

   a) Übertrage diese Werte in ein Koordinatensystem. Welchen Zusammenhang vermutest Du zwischen s und t?

   b) Berechne die fünf Durchschnittsgeschwindigkeiten

$$v_i = \frac{s_{i+1} - s_i}{t_{i+1} - t_i} \qquad \text{für } 1 \leq i \leq 5.$$

   c) Ergänze obige Tabelle um die Werte für $\frac{s}{t^2}$. Summiere diese Werte und teile das Ergebnis durch 5. Wie interpretierst Du das Ergebnis?

   Anmerkung: $\frac{s}{t^2}$ hat die (abgeleitete) Maßeinheit $\frac{cm}{s^2}$. Das berechnete Ergebnis stellt das Doppelte der mittleren „Erdbeschleunigung" g im durchgeführten Versuch dar: $s = \frac{1}{2} g t^2$ mit $g = 981 \frac{cm}{s^2}$.

3. a) Ein „Haushalts-Meßbecher" von zylindrischer Form soll Skalen erhalten, an denen unmittelbar die Massen (Gewichte) von eingefüllten Lebensmitteln ablesbar sind. Entwickele Skalen für einen Zylinder mit dem Radius $r = 5$ cm, der 1000 cm³ (1 *l*) Wasser fassen soll, für das Abmessen von Wasser, Zucker, Mehl, Rosinen, Kakao und Haferflocken. Beachte hierbei, daß 310 g Haferflocken, 465 g Kakao, 500 g Mehl, 615 g Rosinen und 850 g Zucker das gleiche Volumen haben wie 900 g Wasser.

   b) Erstelle entsprechende Meßskalen für einen kegelförmigen Meßbecher mit einem Öffnungswinkel $\alpha = 60°$ (45° bzw. 90°).

(L) a) Volumen des Zylinders: $V_Z = \pi r^2 \cdot h$; mißt man h in cm, so gilt mit $r = 5$ cm für die eingefüllte Masse in Abhängigkeit von der Höhe h: $M = \rho \cdot 25 \cdot \pi \cdot h$ mit ρ als „spezifische Masse".

Stoff	Wasser	Zucker	Rosinen	Mehl	Kakao	Haferflocken
ρ in g/cm³	1	0,944	0,683	0,556	0,517	0,344

   b) $V_{Kegel} = \frac{1}{3} \pi r^2 \cdot h = \frac{1}{3} \pi \cdot \left(\tan \frac{\alpha}{2}\right)^2 h^3 = \frac{1}{3} \pi \sin^2 \frac{\alpha}{2} \cdot \cos \frac{\alpha}{2} \cdot s^3$,

   mit s als Abstand des Skalenpunktes von der Spitze des Meßbechers.

4. Nach dem Einkommensteuergesetz (ESTG 1975) berechnet sich die Einkommenssteuer (Lohnsteuer) in der BRD nach folgenden Formeln (für den „Grundtarif"):

Tarifzone	Formel für die EST (in DM)	Jahreseinkommen (in DM)
1. Nullzone	$y_1 = 0 \cdot x$	$0 \leq x < 3\,030$
2. Erste Proportional-zone	$y_2 = 0{,}22 \cdot x - 660$	$3\,030 \leq x < 16\,020$
3. Erste Progressions-zone	$y_3 = -49{,}2 \cdot u^3 + 505{,}3 \cdot u^2 +$ $3077 \cdot u + 2858$ mit $u = \dfrac{x - 16\,000}{10\,000}$	$16\,020 \leq x < 48\,000$
4. Zweite Progressions-zone	$y_4 = 0{,}1 \cdot v^4 - 6{,}07 \cdot v^3 +$ $109{,}95 \cdot v^2 + 4\,800 \cdot v + 16\,266$ mit $v = \dfrac{x - 48\,000}{10\,000}$	$48\,000 \leq x < 130\,000$
5. Zweite Proportional-zone	$y_5 = 0{,}56 \cdot x - 12\,676$	$x \geq 130\,020$

Beispiele:

(1) $x_1 = 2\,800$, $y_1 = 0$,

(2) $x_2 = 12\,380$, abgerundet auf <u>12360</u> (durch 30 teilbar!),
   $y_2 = 0{,}22 \cdot 12\,360 - 660 = 2\,059{,}20$,

(3) $x_3 = 45\,610$, abgerundet auf 45 600 (durch 30 teilbar!)
   ergibt $u = 2{,}96$ und $y_3 = 15\,117{,}19$,

(4) $x_4 = 91\,220$, abgerundet auf 91 200 (durch 60 teilbar!)
   ergibt $v = 4{,}32$ und $y_4 = 38\,599{,}39$,

(5) $x_5 = 182\,440$, abgerundet auf 182 400 (durch 60 teilbar!)
   ergibt $y_5 = 89\,468{,}-$.

Erstelle eine Tabelle, aus der für die zu versteuernden Jahreseinkommen x_i von 3, 5, 10, 16, 17, 20, 25, 30, 35, 40, 48, 50, 60, 80, 100, 130, 140, 150 und 200 Tausend DM

a) die Einkommensteuer y_i (nach dem Grundtarif!),

b) der durchschnittliche Steuersatz in Prozent ($\frac{y_i}{x_i} \cdot 100$),

c) die Differenz aufeinanderfolgender Jahreseinkommen ($x_i - x_{i-1}$),

d) die Differenz aufeinanderfolgender Steuern ($y_i - y_{i-1}$),

e) der prozentuale Steuerzuwachs aufeinanderfolgender Jahreseinkommen ($\frac{y_i - y_{i-1}}{x_i - x_{i-1}} \cdot 100$)

abzulesen sind. Erstelle graphische Darstellungen.

2.8. Wachstums- und Zerfallsfunktionen

Zielsetzung: *Jeden Tag erhalten wir in Presse, Rundfunk und Fernsehen Informationen über Wirtschaftswachstum, Inflation, Steigerungsraten, prozentuales Wachstum, Zuwachsraten usw. Die hier gewählte Darstellung skizziert einen problemorientierten Weg zur Einführung der Exponential- und Logarithmusfunktion. Wegen ihrer herausragenden Bedeutung im „Alltag" ist dieser Abschnitt recht ausführlich und daher ohne besondere Vorkenntnisse zu bearbeiten. Aufbauend auf 2.4.3.1 (Prozentrechnung) ist der Weg von Potenzen mit natürlichen Exponenten über solche mit Bruchzahlen und rationalen Zahlen als Exponent jeweils problemmotiviert. „n-te Wurzeln" erfahren hier (falls nicht schon bekannt) ihre praktische Bedeutung. In den beiden folgenden Abschnitten sind ETR mit den Tasten $\boxed{y^x}$, $\boxed{10^x}$, $\boxed{e^x}$, $\boxed{\lg x}$, $\boxed{\ln x}$ erwünscht. Die Taste $\boxed{y^x}$ sollte aber erst benutzt werden, nachdem „einsehbar" wurde, daß z.B. $3^{\frac{1}{5}}$ bzw. $\sqrt[5]{3}$ eine (im Probierverfahren anzunähernde) reelle Zahl ist. Danach sollte erst die Bedeutung und die Sonderstellung der Zahl e als „Basis des natürlichen Logarithmus" erarbeitet werden. Dies gelingt umso eher, je mehr jeweils der Zusammenhang zwischen einer Funktion und ihrer Zuwachsfunktion betrachtet wurde. Diese Abschnitte eignen sich in besonderer Weise zum Einsatz des ETR als ökonomisches, fachdidaktisch begründetes methodisches Rechenhilfsmittel.*

Für die Bearbeitung dieses Kapitels sind die Kenntnisse aus Abschnitt 1.3 (Aufgabe 10.), Abschnitt 1.4 (Aufgabe 10.) und Abschnitt 1.11 nützlich, jedoch nicht notwendig. Es sollte aber den hier aufgeführten Beispielen aus 2.4.3.1 die Aufgaben 3., 4., 8., 9., 10., 11., 12. und aus 2.4.3.2, Aufgabe 10., vorangehen.

Beispiele:
a) Seerosen wachsen in einem Schloßteich. Sie bedecken jeden Tag die Hälfte mehr als am vorausgehenden Tag.
b) (Schachbrettaufgabe:) Auf dem ersten Feld eines Schachbrettes liegt ein Weizenkorn, auf dem zweiten liegen zwei, es folgen vier, acht usw.
c) Drei „Urelternpaare" hatten jeweils vier (zwei, sechs) Kinder. Diese Kinder der zweiten Generation bildeten sechs (drei, neun) Paare, die wieder jeweils vier (zwei bzw. sechs) Kinder bekamen ...
d) Ein Kind läuft quer über den Schulhof. Nach 10 m stößt es jeweils drei andere Kinder an. Diese laufen mit ihm und verhalten sich ebenso.
e) Ein geladenes Teilchen (Elektron) fliegt durch eine Wolke von Atomen. Durchschnittlich nach 0,001 cm trifft es ein Atom, wobei ein weiteres geladenes Teilchen erzeugt wird (Ionisation). Zusammen fliegen beide in die gleiche Richtung und erzeugen jeweils nach 0,001 cm weitere Ladungsträger.
f) Ein Kapital wächst monatlich um 0,4 %.
g) Eine riesige Wasserpfütze verkleinert sich täglich durch Verdunsten um 10 %.
h) Der Energiebedarf der Welt wächst pro Jahr um 8 %.
i) Eine geschwärzte Schutzbrille mit einer Glasdicke von 2 cm vermindert die Stärke des durchgehenden Lichts um 60 % der ursprünglichen Lichtstärke.
j) Eine Bakterienkultur vermehrt sich stündlich um $\frac{1}{5}$.
k) Durch Zellteilung entstehen aus einer Zelle jede Minute acht sich entsprechend vermehrende Zellen.
l) Der Luftdruck (die Teilchenanzahl) in der Atmosphäre verringert sich jeweils nach ca. 5 km Höhendifferenz auf die Hälfte.
m) Im Blut eines kranken Menschen entdeckt man nur 70 % der sonst vorhandenen roten Blutkörperchen. Drei Wochen später sind es nur noch 66,5 %.

Aufgaben

1. Welche Gemeinsamkeiten zeigen
   a) die Beispiele a) bis f), h), j) und k),   b) die Beispiele b), c), d) und e),
   c) die Beispiele a), g), i), j), k), l) und m), d) die Beispiele g), i), l) und m).

   (L)   a) je größer (mehr) ... desto größer (mehr) ...
         b) Sprunghafter Anstieg,
         c) „stetiger" Verlauf,
         d) „stetige" Abnahme (Abfall, Zerfall).

2. a) Betrachte das „Seerosen-Beispiel" und erstelle eine Tabelle, in die für die Tage (n) des (gleich-
      bleibenden) Wachsens die jeweils bedeckte Fläche (F_n) und der tägliche Zuwachs (ΔF_n) ein-
      getragen werden. Geh davon aus, daß am „0-ten" Tag (des Einpflanzens) $1\,m^2$ eines Teiches
      der Größe $100\,m^2$ bedeckt war. Schätze zunächst, wann der Teich mit Seerosen zugewachsen ist.

   b) Vergleiche den gewählten Rechenweg mit dem RAP:

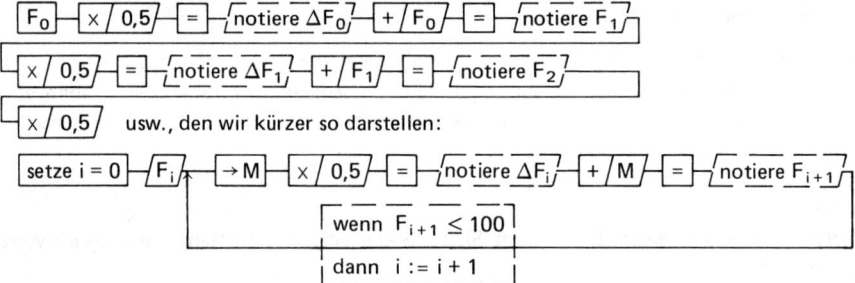

   Merke: Die Anweisung $i := i + 1$ heißt erhöhe den „Index" i um 1, (d. h. betrachte die
   nächste Zeile der Tabelle). Für $F_{i+1} > 100$ ist die Berechnung abgeschlossen.

   c) Berechne die Quotienten sowohl von aufeinanderfolgenden Flächengrößen als auch von auf-
      einanderfolgenden Flächenzuwachsgrößen. Was stellst Du fest?
   d) Überprüfe die Formeln für die Flächenberechnung am n-ten Tag:

      $F_0 = 1\,m^2$ und $F_{n+1} = F_n \cdot 1{,}5$ bzw. $F_n = F_0 \cdot (1{,}5)^n$.

      Wie lauten die entsprechenden Formeln für den täglichen Zuwachs am n-ten Tag?

   (L)   c) beide Quotienten sind gleich: $q = 1{,}5$;
         d) $\Delta F_0 = 0{,}5\,m^2$ und $\Delta F_{n+1} = \Delta F_n \cdot 1{,}5$ bzw. $\Delta F_n = \Delta F_0 \cdot 1{,}5^n$.

3. Wir bleiben beim Seerosen-Beispiel:
   a) Zeichne zu den in 2.a) berechneten Wertepaaren (n, F_n) die entsprechenden Punkte im
      Koordinatensystem.
   b) Schätze die von Seerosen bewachsene Fläche nach ½ Tag, 1½ Tagen, 2½ Tagen usw.
   c) Schätze die bewachsene Fläche nach 6 Stunden, 3 Stunden, 1 Stunde bzw. 30 Minuten.

4. Erstelle entsprechende Problemstellungen zu den Beispielen b) bis l) und bearbeite diese.

Merke: Die Beispiele a) bis m) beschreiben „Wachstums-Vorgänge". Bei der „Schachbrett-aufgabe" handelt es sich um ein *„sprunghaftes"* Ansteigen der Anzahl von Weizenkörnern von einem Feld zum nächsten. Ähnlich verhält es sich bei den Beispielen c), d) und e). Anders dagegen beim „Seerosen-Beispiel": Hier vollzieht sich das Wachsen *stetig* („Die Natur macht keine Sprünge!"); vgl. auch Beispiel g) und j). *Stetig* ist auch das „negative" Wachs-tum oder der Zerfall in den Beispielen g), l), m); auch in Beispiel i), wenn die Glasdicke „kontinuierlich" vergrößert wird.

Das sprunghafte Wachstum ist als Spezialfall des stetigen Wachstums zu betrachten. Das Wachstum wird beschrieben durch die *Wachstumsfunktion* f, die jedem x-Wert einen Funktionswert f (x) zuordnet.

Bei der Schachbrettaufgabe (mit 64 diskreten Feldern) gilt: $x \in \{1, 2, 3, ..., 64\}$ und $f(x) = 2^x$ entspricht der Anzahl der Weizenkörner auf dem Feld „mit der Nummer" x.

Bezeichnet man beim Seerosen-Beispiel mit x die Anzahl der Tage, so gilt hier für die nach x Tagen bedeckte Gesamtfläche $F = f(x) = 1 \cdot 1{,}5^x \, m^2$. Hätte man am Einpflanztag nicht $1 \, m^2$ Seerosen sondern z. B. $2{,}35 \, m^2$ (bzw. a) und würde nicht einen Zuwachs je Tag von $\frac{1}{2}$ sondern von $\frac{2}{5}$ (bzw. $\frac{p}{100}$) beobachten, so würde der entsprechende Funktionsterm die Form haben:

$$f(x) = 2{,}35 \cdot \left(1 + \frac{2}{5}\right)^x m^2 = 2{,}35 \cdot (1{,}4)^x \, m^2$$

bzw. allgemein $\quad f(x) = a \cdot \left(1 + \frac{p}{100}\right)^x$

oder $\qquad \boxed{f(x) = a \cdot q^x \text{ mit } q = 1 + \frac{p}{100}}$.

Merke: Durch p wird der prozentuale Zuwachs je betrachtete „x-Einheit" (1 Tag) bezeichnet.

Der *Wachstumsfaktor* q ist der Quotient „benachbarter" Funktionswerte, d.h. $q := \frac{f(x+1)}{f(x)}$.

Für obige Beispiele gilt:

Beispiel	a	b	g	i	*l*
$\frac{1}{100}$ p (p %)	0,5 (50 %)	1 (100 %)	−0,1 (−10 %)	−0,6 (−60 %)	−0,5 (−50 %)
q	1,5	2	0,9	0,4	0,5
a	1 m	1 Korn	f_0	f_0	f_0
„x-Einheit"	1 Tag	1 Feld	1 Tag	2 cm	5 km

5. Gib für die Beispiele c, d, e, f, h, j, die Werte von p, q, a und die x-Einheit an (konkretisiere ggf. die Aufgabenstellung). Was bedeutet in diesen Beispielen der Funktionswert $f(x) = a \cdot q^x$? Welche Werte kann x annehmen?

Merke: Die Wachstumsfunktion ist eindeutig bestimmt durch die Angabe von a (Anfangs-wert: $f_0 := f(0) := a$) und p (prozentualer Zuwachs) bzw. von a und q (Wachstumsfaktor). Die Wachstumsfunktion wird charakterisiert durch das Zuordnungsschema:

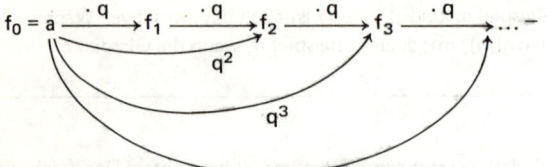

Hierbei ist $f_x := f(x)$ mit $x \in \{0, 1, 2, \dots\}$.

Es gilt also für alle (nicht negative ganze) x-Werte:

Formeln

① $f(x + 1) = f(x) \cdot q$

② $\dfrac{f(x + 1)}{f(x)} = q$

③ $f(x) = f_0 \cdot q^x$

RAP für $f(x)$

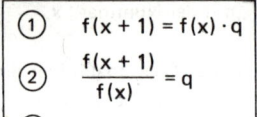

Frage: Wie groß ist $f(x)$ beim „Seerosen-Beispiel" für $x = \dfrac{1}{2}$, d.h. nach 12 Stunden, wenn der Wachstumsprozeß *gleichmäßig* verläuft?

Wir suchen also den für die Zeitdifferenz von $\dfrac{1}{2}$ Tag zugehörigen prozentualen Zuwachs $p_{\frac{1}{2}}$ bzw. den Wachstumsfaktor $q_{\frac{1}{2}}$. Die *Gleichmäßigkeit* des Wachstums drückt sich in folgenden Schemata, bzw. RAP aus:

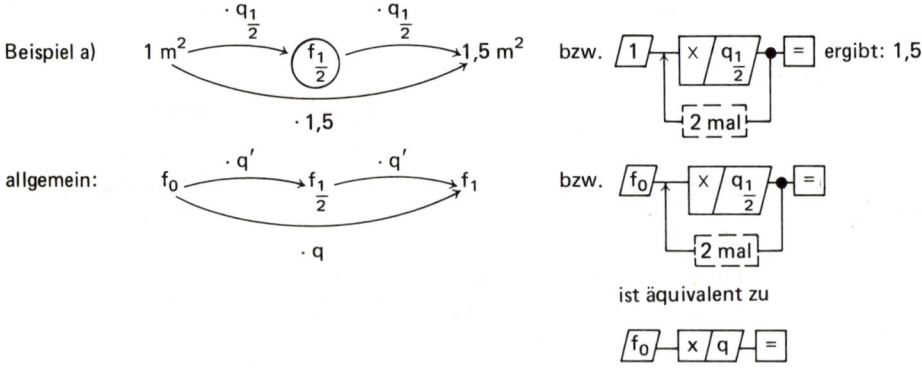

ist äquivalent zu

Folgerung: $\boxed{q_{\frac{1}{2}} \cdot q_{\frac{1}{2}} = q \quad \text{oder} \quad q_{\frac{1}{2}} = \sqrt{q}}$

Wählen wir also als „neue" x-Einheit einen halben Tag ($\Delta x = \frac{1}{2}$), so ergibt sich für das „Seerosen-Beispiel" ein hierauf bezogener Wachstumsfaktor $q_{\frac{1}{2}} = \sqrt{1,5}$ und ein prozentualer Zuwachs um $p_{\frac{1}{2}} = (\sqrt{1,5} - 1) \cdot 100$.

Zur Berechnung der zugewachsenen Teilfläche nach n *halben* Tagen dient also das Schema

$$1 \text{ m}^2 \xrightarrow{\ \cdot \sqrt{q}\ } f_{\frac{1}{2}} \xrightarrow{\ \cdot \sqrt{q}\ } f_1 \xrightarrow{\ \cdot \sqrt{q}\ } f_3 \xrightarrow{\ \cdot \sqrt{q}\ } \dots$$

$$\boxed{1} \to \boxed{x} / \boxed{\sqrt{q}} \to \bullet \to \boxed{=}$$
$$\boxed{\text{n mal}}$$

6. Erstelle eine Tabelle, aus der die von Seerosen bewachsene Fläche F_x und der halbtägliche Zuwachs ΔF_x für $x \in \{0, \frac{1}{2}, 1, \frac{3}{2}, \dots, 5\}$ zu entnehmen sind $(f(x) =: F_x)$.

Ⓛ z.B. $f(\frac{1}{2}) = F_{\frac{1}{2}} = 1 \cdot \sqrt{1,5} \text{ m}^2 \approx 1,22 \text{ m}^2$; $F_{\frac{3}{2}} = (1,22)^3 \text{ m}^2 \approx 1,84 \text{ m}^2$,

$F_5 \approx 7,59 \text{ m}^2$.

7. Wähle x aus der Tabelle zu Aufgabe 6. so, daß folgende Gleichungen erfüllt werden:

a) $F(\frac{1}{2} + x) = F(1)$,   b) $F(1 + x) = F(\frac{5}{2})$,

c) $F(3 + x) = F(\frac{1}{2})$,   d) $F(1 + x) = F(1) \cdot F(\frac{1}{2}) : F(0)$,

e) $F(x + x) = F(x) \cdot F(x) : F(0)$,   f) $F(\frac{3}{2} + x) = F(\frac{3}{2}) \cdot F(x) : F(0)$.

Ⓛ $\frac{1}{2}$; $\frac{3}{2}$; $-\frac{5}{2}$; $\frac{1}{2}$; beliebig; beliebig.

8. a) Bestimme zu $q_1 = 1,5$ die Wachstumsfaktoren $q_{\frac{1}{4}}$; $q_{\frac{1}{8}}$; $q_{\frac{1}{16}}$; $q_{\frac{1}{32}}$ und den jeweiligen prozentualen Zuwachs $p_{\frac{1}{4}}, \dots, p_{\frac{1}{32}}$ (in %) für die Zeitintervalle $\Delta x = 1/4$ Tag, $\Delta x = 1/8$ Tag usw.

(Benutze die $\boxed{\sqrt{x}}$-Taste!)

b) Ergänze nebenstehende Koordinatendarstellung um die Punkte für $F_{(\frac{1}{2})}$, $F_{(\frac{1}{4})}$, $F_{(\frac{1}{8})}$, $F_{(\frac{1}{16})}$.

c) Berechne weiter die Werte $F_{(\frac{3}{16})}$, $F_{(\frac{3}{8})}$, $F_{(\frac{3}{4})}$, $F_{(\frac{1}{2}+\frac{1}{8})}$, $F_{(\frac{1}{2}+\frac{1}{16})}$, $F_{(\frac{1}{2}+\frac{1}{4}+\frac{1}{8}+\frac{1}{16})}$.

Zeichne entsprechende Punkte ins Koordinatensystem.

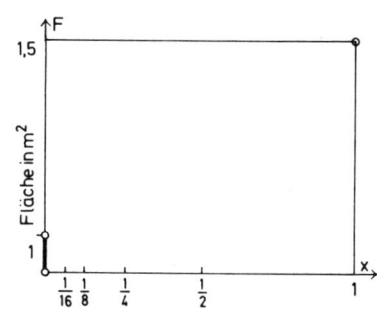

(L)   a)

	$q_{\frac{1}{4}}$	$q_{\frac{1}{8}}$	$q_{\frac{1}{16}}$	$q_{\frac{1}{32}}$
	1,107	1,052	1,026	1,013
P (%)	10,7	5,2	2,6	1,3

c) $F(\frac{3}{8}) \approx (1,052)^3 \, m^2 \approx 1,164 \, m^2$; $F(\frac{1}{2} + \frac{1}{8}) = F(\frac{1}{2}) \cdot F(\frac{1}{8}) \approx 1,288 \, m^2$;

$F(\frac{1}{2} + \frac{1}{4} + \frac{1}{8} + \frac{1}{16}) \, m^2 \approx 1,462 \, m^2$.

Merke:

① Das gleichmäßige Wachstum einer Größe $f(x)$ in Abhängigkeit von der Zahl x beschreibt die *Wachstumsfunktion* oder *Exponentialfunktion* mit dem Funktionsterm

$$f(x) = f_0 \cdot q^x \quad .$$

f_0 bezeichnet den Funktionswert für x = 0.
q heißt Wachstumsfaktor (bezogen auf die „x-Einheit").

② Ist $q > 1$, so ist $f(x)$ umso größer, je größer x ist (Wachstum!). Ist $0 < q < 1$, so ist $f(x)$ umso kleiner, je größer x ist (Zerfall!). Die Fälle q = 1 ($f(x)$ ist für alle x gleich) und $q \leq 0$ werden ausgeschlossen!

③ Für die (stetige) Wachstumsfunktion gelten die Zuordnungs-Schemata:

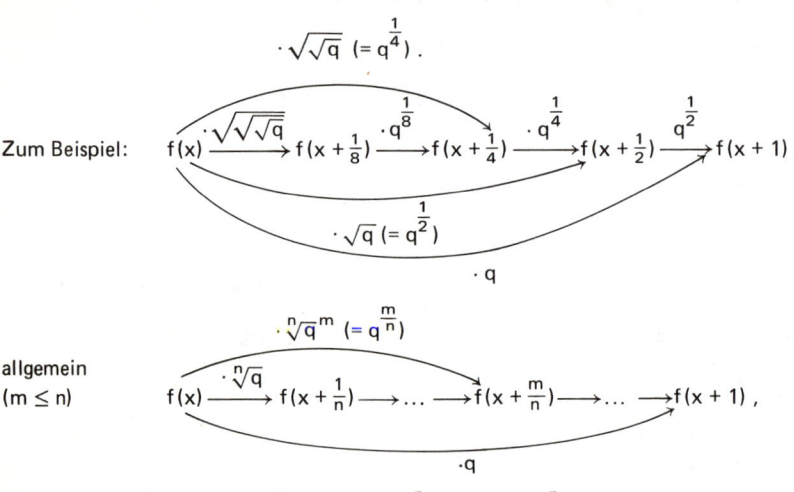

Zum Beispiel:

allgemein
(m ≤ n)

d. h. $f(x + \frac{n}{m}) = f(x) \cdot (q)^{\frac{n}{m}} = f_0 \cdot (q^x \cdot q^{\frac{n}{m}}) = f_0 \cdot q^{(x + \frac{n}{m})}$.

Folgerung: Jedem nicht negativen Bruch x ($x \in \Phi_0^+$) wird durch die Wachstumsfunktion eine Größe mit reeller Maßzahl (größer Null) zugeordnet.

Anmerkung: Hat Dein ETR keine $\boxed{\sqrt{x}}$ - bzw. $\boxed{\sqrt[x]{y}}$ - oder $\boxed{y^x}$ -Taste, so können die Werte für $\sqrt{q}$ bzw. $\sqrt[n]{q}$ im „Probierverfahren" angenähert werden.

9. Bei einem radioaktiven Präparat mit der Masse 200 g mißt man nach jeweils 10 Stunden nur noch 80 % der vorherigen Masse.

a) Begründe die Funktionsterme für die Masse m in Abhängigkeit von der Zeit t (in Stunden)

$$m = 200 \cdot (0,8)^{\left(\frac{1}{10} \cdot t\right)} \, g$$

und $m = 200 \cdot 1{,}25^{-\frac{t}{10}} \, g$.

b) Erstelle eine Tabelle und eine Koordinatendarstellung, aus denen die Massenwerte m (t) nach 2, 5, 10, 15, 20, 30, 40, 50, 70 und 100 Stunden zu entnehmen sind.

c) Unter der *Halbwertszeit* eines Zerfallsprozesses versteht man die Zeit, nach der die Hälfte eines Präparats zerfallen ist. Wie groß ist die Halbwertszeit des o.g. Präparates (mit „Stundengenauigkeit")?

d) Wann sind 90 % (bzw. 99 %) des Präparats zerstrahlt?

Ⓛ   b) m (2) ≈ 191 g; m (100) ≈ 21,5 g ,

c) $100 = 200 \cdot 1{,}25^{-\frac{t}{10}}$ für t ≈ 31 (Stunden),

d) $0{,}1 = 1{,}25^{-\frac{t}{10}}$ für t ≈ 103 (Stunden),

$0{,}01 = 1{,}25^{-\frac{t}{10}}$ für t ≈ 206 (Stunden).

10. Bestimme (nach einer „Probier-Methode") die Lösungen der Exponentialgleichungen (mit mindestens dreistelliger Genauigkeit):

a) $2^{x+1} = 64$ b) $3^{\frac{x}{3}} = 27$

c) $2^{-x} = 0{,}125$ d) $2^{x+5} = 0{,}25$

e) $2 = 0{,}5^x$ f) $2 = 0{,}8^x$

g) $2 = 1{,}03^x$ h) $2 = 1{,}05^x$

i) $\frac{1}{2} = 1{,}1^{-x}$ j) $\frac{1}{2} = 1{,}1^{-2x}$

k) $\frac{1}{2} = 1{,}1^{-\frac{x}{2}}$ l) $\frac{1}{2} = 1{,}25^{-\frac{x}{100}}$.

11. Eine Tablette von 100 mg zerfällt im Körper eines Menschen mit einer Halbwertszeit von 50 Stunden. Diskutiere den Zerfallsprozeß.

Ⓛ $m(t) = 100 \cdot 0{,}5^{\left(\frac{t}{50}\right)}$ mg   mit t in Stunden

$= 100 \cdot 2^{\left(-\frac{t}{50}\right)}$ mg.

12. a) Fülle folgende Tabelle aus und diskutiere die Ergebnisse!

x	$1,5^x$	$\dfrac{1,5^x - 1}{x}$	$2,7^x$	$\dfrac{2,7^x - 1}{x}$	$2,8^x$	$\dfrac{2,8^x - 1}{x}$	$3,5^x$	$\dfrac{3,5^x - 1}{x}$
0								
1/2								
1/4								
1/8								
1/16								
1/32								
1/64								
1/128								
1/1024								

b) Bestimme jeweils fünf Werte für q so, daß q $>$ 2,7 *und* gleichzeitig $\dfrac{q^{0,0001} - 1}{0,0001} < 1$ bzw.

   q $<$ 2,8 *und* gleichzeitig $\dfrac{q^{0,0001} - 1}{0,0001} > 1$ ist.

c) Bestimme (mit einem Probierverfahren) q auf vier Dezimalstellen so, daß gilt

   $\dfrac{q^{0,0001} - 1}{0,0001} = 1$.

Merke: Für die Exponentialfunktion mit dem Funktionsterm $f(x) = f_0 \cdot q^x$ gilt:
Betrachten wir den Funktionswert an einer Stelle x_0 und vergleichen wir diesen mit
dem Wert der Funktion an einer benachbarten Stelle $x_0 + \Delta x$:

$$f(x_0 + \Delta x) = f_0 \cdot q^{(x_0 + \Delta x)}$$
$$= (f_0 \cdot q^{x_0}) \cdot q^{\Delta x}$$
$$= f(x_0) \cdot q^{\Delta x}$$

Während also die x-Werte einen Abstand Δx
voneinander haben, beträgt die Differenz der
Funktionswerte:

$$\Delta f(x_0) := f(x_0 + \Delta x) - f(x_0)$$
$$= f(x_0) \cdot [q^{\Delta x} - 1].$$

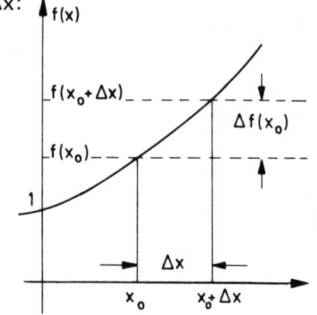

Wie aus Aufgabe 12. zu *vermuten,* gibt es genau einen Wert des Wachstumsfaktors q, für den gilt:
$\dfrac{q^{\Delta x} - 1}{\Delta x} \approx 1$, d. h. $\dfrac{q^{\Delta x} - 1}{\Delta x}$ unterscheidet sich „beliebig wenig" von 1, wenn man nur Δx „klein
genug" wählt.

Damit gilt aber für den auf Δx bezogenen *relativen Zuwachs* der Wachstumsfunktion im „Grenzfall kleiner Δx-Werte": $\dfrac{\Delta f(x_0)}{\Delta x} = f(x_0)$.

Wir fassen zusammen:

> Es gibt einen Wachstumsfaktor so, daß für beliebige x-Werte der *relative Zuwachs* im Grenzfall $\Delta x \approx 0$ *gleich dem Wert der Wachstumsfunktion* an der Stelle x ist. Diesen speziellen Wachstumsfaktor bezeichnet man mit e, sein Wert beträgt etwa 2,72.
>
> Kurz: gilt für kleine Δx und alle x-Werte $\frac{\Delta f(x)}{\Delta x} \approx f(x)$, dann ist $f(x) \approx f_0 \cdot 2{,}72^x$.

Einen genaueren Wert von e liefert der ETR: $\boxed{1} \!-\! \boxed{e^x} \!-\! \boxed{=}$ ergibt e = 2,718 281 828.

Den *genauen* Wert von e in Dezimalzahldarstellung gibt es nicht! e ist eine irrationale, transzendente Zahl.

Folgerungen:

a) mit $f(x) = f_0 \cdot q^x$ gilt für $\Delta x \approx 0$:

wenn $q < e$, dann $\dfrac{\Delta f(x)}{\Delta x} < f(x)$ bzw. $\Delta f(x) < f(x) \cdot \Delta x$,

wenn $q = e$, dann $\dfrac{\Delta f(x)}{\Delta x} = f(x)$ bzw. $\Delta f(x) = f(x) \cdot \Delta x$,

wenn $q > e$, dann $\dfrac{\Delta f(x)}{\Delta x} > f(x)$ bzw. $\Delta f(x) > f(x) \cdot \Delta x$.

b) Je näher Δx bei Null und q bei e liegt, umso besser wird der Funktionswert $f(x + \Delta x)$ angenähert durch $f(x) \cdot (1 + \Delta x)$, denn es gilt:

$$f(x + \Delta x) = f(x) + \Delta f(x)$$

$$= f(x) + \frac{\Delta f(x)}{\Delta x} \cdot \Delta x \quad (\Delta x \neq 0)$$

$$\approx f(x) + f(x) \cdot \Delta x$$

$$= f(x) \, (1 + \Delta x) .$$

c) Der prozentuale Zuwachs beträgt bei diesem sog. *natürlichen* Wachstum, beschrieben durch $f(x) = f_0 \cdot e^x$ also: $p = (e - 1) \cdot 100 \approx 1{,}72 \cdot 100 = 172$.

Beispiel: Bei *stetiger* Verzinsung eines Kapitals K_0 *mit natürlichem Wachstum* gemäß $K(x) = K_0 \cdot e^x$ (x ist „Anzahl" der Jahre) gilt für den relativen Zuwachs innerhalb eines Jahres:

$$\frac{K(x + 1) - K(x)}{K(x)} = \frac{K_0 \cdot e^{x+1} - K_0 \cdot e^x}{K_0 \cdot e^x} = e - 1 \approx 1{,}72 .$$

Das heißt, bei ca. 172 % Jahreszinsen wächst ein Kapital bei stetiger Verzinsung in einem Jahr auf das e-fache.

13. Manche ETR haben die Funktionstaste $\boxed{y^x}$ zur Berechnung aller Exponentialfunktions-Werte für $y > 0$, oder $\boxed{10^x}$ bzw. $\boxed{e^x}$ für die speziellen Exponentialfunktionen zur Basis 10 bzw. e.

a) Auf welche Funktionstasten könnte man verzichten?

b) Löse (durch Probierverfahren mit dreistelliger Genauigkeit) die Gleichungen: (Falls Dein ETR keinen e-Wert gespeichert hat, setze $e \approx 2{,}718$ ein.)

$$2^x = 4^{12}; \qquad 3^{15} = 27^x; \qquad (\tfrac{1}{2})^x = 2^{x+c};$$

$$10 = e^x; \qquad e = 10^x; \qquad 10^{1,5} = e^x;$$

$$e^{3,5} = 10^x; \qquad 10^{1,5} = e^{1,5+x}; \qquad e^{3,5} = 10^{3,5+x};$$

$$e^c = 10^{x+c}.$$

c) Begründe: Mit der 10^x- (bzw. e^x)-Funktionstaste kann man prinzipiell jeden Wert y^x für beliebige $y > 0$ berechnen. Betrachte hierzu die Gleichung: $y^x = 10^{x+c} = 10^x \cdot 10^c$.

d) Berechne nachfolgende Werte unter Benutzung der $\boxed{x^2}$ - bzw. $\boxed{\sqrt{}}$ -Taste (nicht mit den Exponentialfunktionstasten!): $1{,}2^x$ mit

(1) $x \in \{1, 2, 4, 8, 16, 32, 64\}$, 　　　　(2) $x \in \{3, 5, 6, 7, 9, 15, 33, 63\}$,

(3) $x \in \{\tfrac{1}{2}, \tfrac{1}{4}, \tfrac{1}{8}, \tfrac{1}{16}\}$, 　　　　(4) $x \in \{\tfrac{3}{4}, \tfrac{5}{8}, \tfrac{7}{8}, \tfrac{13}{16}, \tfrac{15}{16}\}$.

Ⓛ　d) z.B. (1) $1{,}2^{64} = \left(\left(\left(\left(\left(\left(1{,}2\right)^2\right)^2\right)^2\right)^2\right)^2\right)^2 \approx 116\,842$,

(2) $1{,}2^{63} = 1{,}2^{(32+16+8+4+2+1)} = 1{,}2 \cdot 1{,}2^2 \cdot 1{,}2^4 \cdot 1{,}2^8 \cdot 1{,}2^{16} \cdot 1{,}2^{32}$,

(3) $1{,}2^{\frac{1}{16}} = \sqrt{\sqrt{\sqrt{\sqrt{1{,}2}}}}$,

(4) $1{,}2^{\frac{15}{16}} = \left((1{,}2)^{\frac{1}{16}}\right)^{15} = \left((1{,}2)^{\frac{1}{16}}\right)^{(8+4+2+1)}$.

Zusammenfassung

1. Viele biologische, physikalische oder chemische Wachstums- und Zerfallsprozesse werden durch die Exponentialfunktion beschrieben:

$f(x) = f_0 \cdot q^x$,

f_0 ist der („Anfangs"-)Funktionswert für $x = 0$,

q heißt *Wachstumsfaktor,* er ist der konstante Quotient von Funktionswerten, deren x-Werte die Differenz 1 haben, d.h. $q = \dfrac{f(x+1)}{f(x)}$.

$\dfrac{p}{100} := q - 1$ ergibt den prozentualen Zuwachs (p %).

2. Für die Exponentialfunktion gilt:

a) f_0 ist eine (positive) Größe eines Größenbereichs.

b) q ist eine positive reelle Zahl ungleich 1.

c) x ist eine „unbenannte" reelle Zahl.

d) Jedem $x \in \mathbb{R}$ ist genau ein $f(x) \in \mathbb{R}^+$ zugeordnet.

e) Zu jedem $f(x) \in \mathbb{R}^+$ gehört genau ein $x \in \mathbb{R}$.

3. Neben dem speziellen Wachstumsfaktor 10 („Basis des Dezimal-Stellenwertsystems") ist von besonderer Bedeutung die *natürliche Zahl* $e \approx 2{,}718$. Nur für $q = e$ ist der („infinitesimale") relative Zuwachs von $f(x)$ im Grenzfall kleiner x-Differenzen Δx identisch mit $f(x)$, d.h.

$\dfrac{\Delta f(x)}{\Delta x} \approx f(x)$ oder $f(x + \Delta x) \approx f(x)\,(1 + \Delta x)$ für kleine Δx.

2.9. Logarithmen und e-Funktionen

Aufgaben

1. a) Zeichne die graphische Darstellung von $f(x) = e^x$ im Bereich (Intervall) $-3 \leq x \leq 2$.

   b) Lese hieraus die x-Werte ab, für die gilt $e^x \in \{0,05; 0,1; 0,2; 1; 2; 3; \pi; 4\}$ und kontrolliere diese abgelesenen Näherungswerte mit der $\boxed{e^x}$ -Taste des ETR.

   c) Markiere jetzt im Koordinatensystem auf der („Rechts"-oder) x-Achse die obigen Werte für e^x und auf der („Hoch"-oder) $f(x)$-Achse die zugehörigen x-Werte. Zeichne das Kurvenstück. Zum Beispiel (1; 0) und (2; 0,69) bezeichnen zwei Punkte dieser neuen Kurve.

> **Merke:** Die Funktion, die jedem vorgegebenen positiven e^x-Wert den eindeutig bestimmten x-Wert zuordnet, heißt *Logarithmusfunktion* zur Basis e; „ln" ist das Funktionssymbol dieses „natürlichen" Logarithmus.

Beispiele:

e^x	0,1	1	1,5	10
x	$\ln 0,1 \approx -2,3$	$\ln 1 = 0$	$\ln 1,5 \approx 0,41$	$\ln 10 \approx 2,30$

Kurz: $y = e^x \iff x = \ln y$ oder $y = \ln x \iff x = e^y$,

d. h. *die „ln-Funktion" ist die Umkehrung der „e-Funktion".*

2. Die Frage „Wie groß ist x, wenn $e^x = 2$?" ist also mit der Frage „Wie groß ist ln 2?" gleichbedeutend. Die x-Werte findet man durch ein Probierverfahren (vgl. z.B. Abschnitt 2.8, Aufgabe 10. und 13.) aus entsprechenden Logarithmen-Tabellen oder ökonomischer mit der $\boxed{\ln}$ -Taste des ETR.

   a) Ergänze die Tabelle:

x_1	x_2	$\ln x_1$	$\ln x_2$	$x_1 \cdot x_2$	$x_1 : x_2$	$\ln x_1 + \ln x_2$
0,125	8					
125	8					
12,5	80					
		1	2			
		-5	0			
		-3	-2			

   b) Begründe folgende Identitäten:

   $$\ln(x_1 \cdot x_2) = \ln x_1 + \ln x_2$$

   und $\ln\left(\dfrac{x_1}{x_2}\right) = \ln x_1 - \ln x_2; \; x_1, x_2 \in \mathbb{R}^+$.

3. a) Bestimme: $\ln e$; $\ln(e^\pi)$; $e^{\ln \pi}$; $\ln 10$; $\ln\left(\dfrac{1}{10}\right)$; $\dfrac{1}{\ln 10}$.

   b) Vereinfache: $\ln(2^2) - \ln 2$; $\ln(3^5) + \ln(3^{-2})$; $\ln(10^5) - \ln(15^5)$;

   Überprüfe die Umformungen mit dem ETR. Beachte die *Rechenlogik* des ETR. Manche ETR beachten die Regel: Zuerst „einstellige Verknüpfung", dann Potenzieren, Radizieren, danach erst „Punktrechnung und Strichrechnung" (AOS-Logik: **A**lgebraisches-**O**perations-**S**ystem).

(L)   a) 1; π; π; $2{,}303$; $-2{,}303$; $0{,}4343$,

        b) $\ln(2^2) - \ln 2 = \ln(2^2 : 2) = \ln 2$; $\ln 3^3 = 3 \cdot \ln 3$;

           $\ln(10^5 : 15^5) = \ln(2 : 3)^5 \approx 5 \cdot \ln 0{,}667$.

4. a) Bestätige mit dem ETR die Identitäten:

$\ln(2^3) = 3 \cdot \ln 2$,

$\ln \sqrt{2} = \dfrac{1}{2} \ln 2$,

$\ln 2^\pi = \pi \cdot \ln 2$.

Begründung: Wegen $a = e^{\ln a}$ für alle $a \in \mathbb{R}^+$ gilt:

$\ln(a^x) = \ln\left[(e^{\ln a})^x\right] = \ln\left[e^{x \cdot \ln a}\right] = x \cdot \ln a$.

Merke:

$\ln a^x = x \cdot \ln a$	für alle $a \in \mathbb{R}^+$ und $x \in \mathbb{R}$.
$a^x = e^{x \cdot \ln a}$	

---

   b) Bestimme mit diesen Formeln, d.h. mit der $\boxed{e^x}$ - und $\boxed{\ln}$ -Taste für $x \in \{0{,}1;\ 1;\ 1{,}5;\ 2\}$:

10^x und $\ln(10^x)$,

a^x und $\ln(a^x)$ mit $a \in \{\frac{1}{2},\ 2,\ \frac{1}{3},\ 3\}$.

$\dfrac{\ \ \ \ x}{a}$	0,1	1	1,5	2
$\frac{1}{2}$				
2				
$\frac{1}{3}$				
3				

5. a) Begründe: $10^x = (e^{\ln 10})^x = e^{x \cdot \ln 10}$.

   b) Fülle die Tabelle aus:

x	$x \cdot \ln 10$	10^x	e^x	$x \cdot \ln 2$	2^x
-2					
-1					
0					
$0{,}1$					
$0{,}2$					
$0{,}3$					
$0{,}5$					
1					

   c) Welche Beziehung zwischen x und y folgt aus $e^y = 10^x$? Diskutiere diese Beziehung für $e^y = a^x$ in Abhängigkeit von a.

(L) c) $e^y = 10^x \iff \ln e^y = \ln 10^x \iff y = x \cdot \ln 10$

$\iff y \lg e = x \iff y = \dfrac{1}{\lg e} \cdot x$; d. h. $\ln 10 = \dfrac{1}{\lg e}$.

Im Seerosenbeispiel (Abschnitt 2.8) erhielten wir für die mit Seerosen bedeckte Fläche nach x Tagen:

$f(x) = f_0 \cdot 1,5^x$.

Da $1,5^x = e^{x \cdot \ln 1,5} \approx e^{0,405 \cdot x}$, gilt:

$f(x) = f_0 \cdot e^{0,405 \cdot x}$.

Wir sehen:

Jede Exponentialfunktion mit $f(x) = f_0 \cdot q^x$ kann durch die e-Funktion beschrieben werden:

$f(x) = f_0 \cdot e^{\lambda \cdot x}$,

wobei gilt: $\lambda = \ln q$ (und $q = 1 + \dfrac{p}{100}$); $-\lambda$ heißt *Zerfallskonstante*.

---

6. a) Fülle die Tabelle aus (beachte: für einen *prozentualen* Zuwachs von z.B. 5% ist $\dfrac{p}{100} = \dfrac{5}{100} = 0,05$):

	prozentualer Zuwachs p in % $\|$ $\dfrac{p}{100}$	$q := 1 + P$ Wachstumsfaktor	$-\lambda := -\ln q$ Zerfallskonstante	$x_H := \dfrac{\ln 2}{-\lambda}$ „Halbwerts-"Konstante
z.B.	5 $\|$ 0,05	1,05	$-0,0488$	$-14,21$
	-5			
		1,07 0,93 0,8		
				5 -2
			0,2877 $-0,6931$	

b) Berechne jeweils die „Verdopplungs-"Konstante, d.h. bestimme x_D so, daß $2 = e^{\lambda \cdot x_D}$.

c) Berechne und tabelliere die Werte von x_D, so daß gilt:

$\left(1 + \dfrac{p}{100}\right)^{x_D} = 2$, mit $p \in \{-20; -18; -16; \ldots 0; 2; 4; \ldots 20\}$.

Vergleiche die Ergebnisse mit den Werten für $X = \dfrac{70}{p}$.

Merke: Bei einem „kleinen" gleichbleibenden „jährlichen" prozentualen Zuwachs (bzw. Abnahme) von p % erhält man eine Verdopplung (bzw. Halbierung) nach ca. $\dfrac{70}{p}$ Jahren.

Begründung: für „kleine" Werte von p gilt:

$$\left(1 + \frac{p}{100}\right)^{X_D} = 2 \iff X_D \cdot \ln\left(1 + \frac{p}{100}\right) = \ln 2 \iff X_D \cdot \frac{p}{100} \approx 0{,}70 \; .$$

Wir betrachten ein weiteres Beispiel:

Eine Metastase (Krebs-Tochtergeschwulst) wird untersucht. Dabei stellt man eine Vergrößerung des Metastasen-Querschnitts um 6 % nach jeweils 5 Tagen fest. Bei der ersten Untersuchung betrug die von der Metastase befallene Fläche $3 \, cm^2$.

Funktionsterm: $f(x) = 3 \cdot (1{,}06)^x \, cm^2$, mit x *als Maßzahl* der *Zeit* seit der ersten Untersuchung

gemessen in 5 Tagen: oder $f(x) = 3 \cdot (1{,}06)^{\frac{x}{5}} = 2 \cdot (\sqrt[5]{1{,}03})^x$, *mit* x als Zeitdifferenz *in Tagen,*

oder $f(x) = 3 \cdot (e)^{\ln(\sqrt[5]{1{,}06}) \cdot x}$, d.h. $f(x) \approx 3 \cdot e^{0{,}0117 \cdot x}$; „x in Tage".

Eine Verdopplung der Metastasenfläche erfolgt nach $X_D = \dfrac{\ln 2}{0{,}0117} = \dfrac{\ln 2}{\ln \sqrt[5]{1{,}06}} = \dfrac{\ln 2}{\frac{1}{5} \cdot \ln(1{,}06)} \approx 59$ (Tagen)

7. Nachfolgender Tabelle soll ein o. g. Sachverhalt zu Grunde liegen. Fülle die Tabelle aus.

	1. Messung (cm^2)	weitere Messungen nach jeweils	jeweiliger Zuwachs	Funktions-term (cm^2)	Maßeinheit von x	Verdopp-lungszeit
a	3	5 Tagen	6 %	$3 \cdot (1{,}06)^x$	5 Tage	
				$3 \cdot (1{,}06)^{\frac{4}{5}x}$	Tage	59 Tage
				$3 \cdot e^{0{,}0117x}$	Tage	
b	1	1 Monat	6 %			
c	23,5	1 Jahr	6 %			
d	23,5	1/2 Jahr	10 %			

Ⓛ   Weitere Funktionsterme und Verdopplungszeiten:

     b) $1{,}06^x \, cm^2$; x gemessen in Monaten; X_D geschätzt ($\frac{70}{6} \approx$) 11 bis 12 Monate.

     c) $23{,}5 \cdot 1{,}06^x \, cm^2$; x gemessen in Jahren; X_D ca. 11 bis 12 Jahre.

     d) $23{,}5 \cdot 1{,}1^x \, cm^2$; x gemessen in Halbjahren; $X_D \approx 3\,1/2$ Jahre.

2.10. Rechnen mit Tabellen (Matrizen)

Zielsetzung: *Über ausgewählte Sachprobleme wird in das „Rechnen mit Zeilen, Spalten und Tabellen" (Vektoren und Matrizen) eingeführt. Der ETR dient hier als schneller Rechner, mit dem die Übungsphase verbreitert werden kann (mehr Beispiele) und die Konzentrationsfähigkeit fast ausschließlich für die Rechenverfahren und den „Sinn der Aufgabe" reserviert bleibt. RAP verlieren hier an Bedeutung, Flußdiagramme u. ä. zur Darstellung eines Rechenverfahrens (Algorithmus) sind übersichtlicher, aussagekräftiger und problemadäquater.*

Für seine Nachbarn Langen und Mitten macht Herr Klein einen gemeinsamen Einkauf. Die drei Einkaufszettel überträgt er auf einen einzigen:

Ware	Äpfel	Apfelsinen	Bananen	Birnen
Klein	2 kg	1,5 kg	–	0,5 kg
Langen	1 kg	2 kg	1,5 kg	1,5 kg
Mitten	–	1,5 kg	2 kg	–

Die Tabelle ist Herrn Klein zu groß, er merkt sich die Reihenfolge der Waren und notiert:

(2 / 1,5 / 0 / 0,5) + (1 / 2 / 1,5 / 1,5) + (0 / 1,5 / 2 / 0) ,

wobei er auch noch von den Maßeinheiten absieht. Als ,,Wert dieser Summe'' notiert Herr Klein schließlich (3 / 5 / 3,5 / 2).

Nun macht der bewußte Konsument einen Preisvergleich zwischen den Angeboten von drei Lebensmittelgeschäften A, B und C.

Statt der *Preistabelle* (DM pro kg) notiert Herr Klein die *Matrix*:

Tabelle	A	B	C
Äpfel	1,20	1,10	1,25
Apfelsinen	1,30	1,30	1,15
Bananen	0,70	0,65	0,80
Birnen	0,80	0,85	0,75

$$\longrightarrow \quad \text{Matrix} \quad \begin{pmatrix} 1,20 & 1,10 & 1,25 \\ 1,30 & 1,30 & 1,15 \\ 0,70 & 0,65 & 0,80 \\ 0,80 & 0,85 & 0,75 \end{pmatrix}$$

Wo kauft Herr Klein ein?

Er rechnet so:

$$(3 \quad 5 \quad 3,5 \quad 2) \cdot \begin{pmatrix} 1,20 & 1,10 & 1,25 \\ 1,30 & 1,30 & 1,15 \\ 0,70 & 0,65 & 0,80 \\ 0,80 & 0,85 & 0,75 \end{pmatrix} = (14,15 \quad 13,78 \quad 13,80) .$$

Herr Klein entscheidet sich für das Lebensmittelgeschäft B, wo er am wenigsten bezahlt
(3 · 1,10 + 5 · 1,30 + 3,5 · 0,65 + 2 · 0,85 = 13,775).

Aufgaben

1. Berechne die Ausgaben, die Herrn Klein entstehen bei A, B und C,
   a) nur für seinen eigenen Bedarf,
   b) nur für den Bedarf von ,,Langen'',
   c) nur für den Bedarf von ,,Mitten''.

Ⓛ
    a) bei A   bei B   bei C   b) (6,05   5,95   5,88),
       (4,75   4,58   4,60),
    c) (3,35   3,25   3,33).

2. Kontrolliere mit diesen Teilergebnissen das Gesamtergebnis: (14,15   13,78   13,80).
Welches Rechengesetz vermutest Du?

3. Interpretiere zur Berechnung von

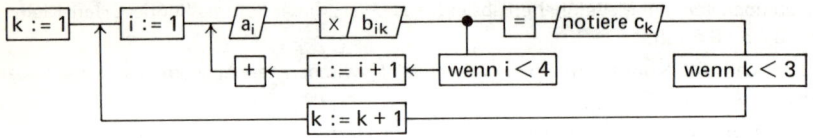

$$
(a_1 \quad a_2 \quad a_3 \quad a_4) \cdot
\begin{pmatrix}
b_{11} & b_{12} & b_{13} \\
b_{21} & b_{22} & b_{23} \\
b_{31} & b_{32} & b_{33} \\
b_{41} & b_{42} & b_{43}
\end{pmatrix}
= (c_1, \ c_2, \ c_3) \, ,
$$

a) den RAP für einen Rechner, der die Regel *Punkt-* vor *Strich*rechnung beherrscht:

```
k := 1 ──→ i := 1 ─┬→ aᵢ ──→ × / bᵢₖ ──→ ● ──→ = ──→ notiere cₖ ──┐
              ↑     │                                                │
              │   + ←── i := i + 1 ←── wenn i < 4      wenn k < 3 ────┤
              │                                                       │
              └──────────── k := k + 1 ───────────────────────────────┘
```

b) die (einfacheren?) Anweisungen

α)

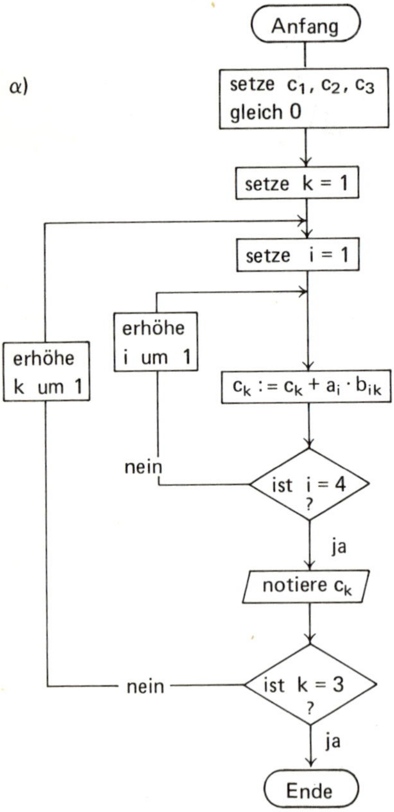

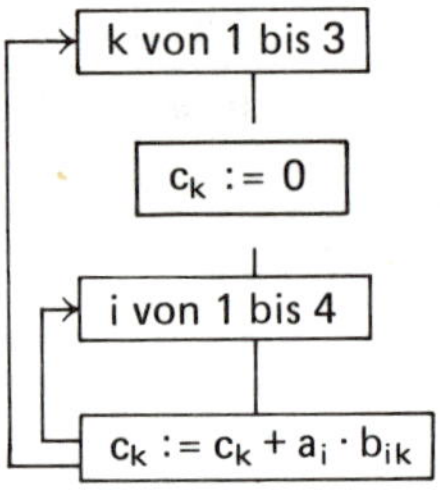

```
        ( Anfang )
             ↓
    setze c₁, c₂, c₃
    gleich 0
             ↓
      setze k = 1
             ↓
      setze i = 1
             ↓
  cₖ := cₖ + aᵢ · bᵢₖ
             ↓
        ist i = 4 ?
        nein → erhöhe i um 1
         ↓ ja
      notiere cₖ
             ↓
        ist k = 3 ?
        nein → erhöhe k um 1
         ↓ ja
        ( Ende )
```

β)

```
  ┌→ k von 1 bis 3
  │        ↓
  │     cₖ := 0
  │        ↓
  └┌→ i von 1 bis 4
   │       ↓
   └ cₖ := cₖ + aᵢ · bᵢₖ
```

γ) $c_k = a_1 b_{1k} + a_2 b_{2k} + a_3 b_{3k} + a_4 b_{4k}$

$$
=: \sum_{i=1}^{4} (a_i \cdot b_{ik})
$$

für $k \in \{1, 2, 3\}$.

4. Gegeben sei folgende Matrix, die mit A bezeichnet wird. Jedes Element a_{ik} gibt an, wieviel Gramm eine in der i-ten *Zeile* aufgeführte Person von dem in der k-ten *Spalte* angegebenen Nahrungsmittel täglich verspeist.

$$
\begin{array}{cccccc}
 & \text{Nahrungsmittel} & & & & \\
 & 1. & 2. & 3. & 4. & 5.\ \text{Spalte} \\
A = & \begin{pmatrix} 250 & 325 & 150 & 130 & 75 \\ 230 & 310 & 170 & 130 & 80 \\ 245 & 335 & 150 & 100 & 60 \\ 260 & 300 & 160 & 120 & 0 \end{pmatrix} & & & & \begin{array}{l} 1. \\ 2. \\ \leftarrow 3.\ \text{(Zeile) Person} \\ 4. \end{array}
\end{array}
$$

a) Berechne und interpretiere:

$$0{,}15 \cdot A = \begin{pmatrix} 37{,}5 \\ 34{,}5 \\ \\ \end{pmatrix} \qquad \text{z.B.: } 0{,}15 \cdot 250 = 37{,}5$$

$$A + 0{,}15 \cdot A = \begin{pmatrix} 287{,}5 \\ 264{,}5 \\ \\ \end{pmatrix} \qquad \text{z.B.: } 250 + 0{,}15 \cdot 250 = 287{,}50$$

$$7 \cdot 1{,}15 \cdot A = \begin{pmatrix} 2012{,}5 \\ \\ \end{pmatrix}$$

b) Angenommen, in einer „Gesellschaft" essen 15 Personen wie die erste „Testperson", 23 Personen wie die zweite, 18 wie die dritte und 12 wie die vierte „Testperson". Berechne und interpretiere das Ergebnis von $(15\ \ 23\ \ 18\ \ 12) \cdot A$.

Ⓛ b) $(16\,570\ \ 21\,635\ \ 10\,780\ \ 8\,180\ \ 4\,045)$; Das bedeutet z. B. vom 1. Nahrungsmittel verzehren die 68 Personen 16 570 g = 16,57 kg.

5. Fünf Filialen (F_1 bis F_5) einer Warenhauskette führen u.a. vier Artikel (A_1 bis A_4). Einkaufspreise (DM pro kg) und eingekaufte Masse (Menge) entnimmt man folgenden Tabellen:

Einkaufspreise (DM/kg)

Filiale / Artikel	F_1	F_2	F_3	F_4	F_5
A_1	2,50	2,45	2,47	2,52	2,55
A_2	21,30	21,50	21,40	21,30	21,25
A_3	6,70	6,75	6,70	6,60	6,65
A_4	13,50	13,45	13,45	13,55	13,60

Eingekaufte Masse (kg)

Filiale / Artikel	F_1	F_2	F_3	F_4	F_5
A_1	2500	3000	3250	4000	3500
A_2	550	570	590	650	620
A_3	1300	1400	1500	1600	1300
A_4	900	850	870	910	860

a) Berechne den Gesamteinkaufswert der einzelnen *Artikel.*

b) Was zahlt jede *Filiale*?

c) Berechne aus der ersten Tabelle den Durchschnittspreis für jeden Artikel. Bestimme hiermit die Matrix (Tabelle), aus der für jede Filiale die Einkaufspreise aller Artikel abzulesen sind.

(L)

a) $\begin{pmatrix} A_1 & A_2 & A_3 & A_4 \\ (40\,632,50 & 63\,616,- & 47\,415,- & 59\,310,50) \end{pmatrix}$ Als Summe der „Zeilenprodukte"

b) $\begin{pmatrix} F_1 & F_2 & F_3 & F_4 & F_5 \\ (38\,825,- & 40\,487,50 & 42\,405,- & 46\,815,50 & 42\,441,-) \end{pmatrix}$ als Summe der „Spaltenprodukte"

c) $\begin{pmatrix} A_1 & A_2 & A_3 & A_4 \\ (2,50 & 21,35 & 6,68 & 13,51) \end{pmatrix}$; $\begin{pmatrix} 2500 \cdot 2,50 \ldots 35\,000 \cdot 2,5 \\ 550 \cdot 21,35 \\ 1300 \cdot 6,68 \\ 900 \cdot 13,51 \ldots 860 \cdot 13,51 \end{pmatrix}$

6. Eine Fabrik fertigt und verkauft drei Artikel (A_1, A_2, A_3). Sie hat fünf Zweigwerke Z_1 bis Z_5. Jeder Artikel benötigt Personal für Verwaltung, Herstellung, Lagerung und Verkauf:

Stückzahl je Artikel und Zweigwerk

ZW. / Art.	Z_1	Z_2	Z_3	Z_4	Z_5
A_1	5300	7500	8300	9000	14 000
A_2	3800	4200	6300	7500	—
A_3	4500	5300	—	8200	—

Personalbedarf je 100 Stück

Pers. / Art.	Ver-waltung	Her-stellung	Lage-rung	Verkauf
A_1	2	12	1	2
A_2	3	15	2	2
A_3	3	15	1	1

a) Wie groß sind die Personalanteile je Zweigwerk? Interpretiere und fülle weiter aus:

$\begin{array}{c} \\ Z_1 \\ Z_2 \\ Z_3 \\ Z_4 \\ Z_5 \end{array} \begin{pmatrix} A_1 & A_2 & A_3 \\ 5300 & 3800 & 4500 \\ 7500 & 4200 & 5300 \\ 8300 & 6300 & 0 \\ 9000 & 7500 & 8200 \\ 14000 & 0 & 0 \end{pmatrix} \cdot \begin{pmatrix} \text{Verwaltung} & \text{Herstellung} & \text{Lagerung} & \text{Verkauf} \\ 0,02 & 0,12 & 0,01 & 0,02 \\ 0,03 & 0,15 & 0,02 & 0,02 \\ 0,03 & 0,15 & 0,01 & 0,01 \end{pmatrix} =$

$\begin{array}{c} \\ Z_1 \\ Z_2 \\ Z_3 \\ Z_4 \\ Z_5 \end{array} \begin{pmatrix} \text{Verwaltung} & \text{Herstellung} & \text{Lagerung} & \text{Verkauf} \\ 355 & 1881 & — & — \\ — & — & \boxed{212} & — \\ — & — & — & — \\ — & — & — & — \\ — & — & — & 280 \end{pmatrix}$

Zum Beispiel:

$7500 \cdot 0,01 + 4200 \cdot 0,02 + 5300 \cdot 0,01 = \boxed{212}$.

b) Berechne und interpretiere die Spalten bzw. Zeilen*summen* in den einzelnen Matrizen. Wieviele Personen sind in der Fabrik beschäftigt?

(L)

b) Die Fabrik beschäftigt 15 893 Personen.

Spaltensummen: (2 076   11 262   1 057   1 498).

Merke: Ein rechteckiges Schema aus m Zeilen mit jeweils n Zahlen (oder n Spalten mit jeweils m Zahlen) nennt man m-n-Matrix.

1. Eine n-n-Matrix heißt *quadratisch*.

2. Eine 1-n-Matrix ist eine Zeile mit n Elementen ($a_{11}, a_{12}, \ldots, a_{1n}$).

3. Eine n-1-Matrix ist eine Spalte (Vektor) mit n Elementen (Komponenten).

4. Zwei Matrizen (a_{ik}) und (b_{ik}) heißen gleich, wenn alle entsprechenden Elemente gleich sind, d.h. $a_{ik} = b_{ik}$ für alle i und k.

5. Zwei Matrizen (a_{ik}) und (b_{ik}) werden addiert, indem man die entsprechenden Elemente addiert, d.h. $(a_{ik}) + (b_{ik}) = (a_{ik} + b_{ik})$.

6. Eine Matrix wird mit einer (reellen) Zahl multipliziert, indem man jedes Element der Matrix mit dieser Zahl multipliziert, d.h. $r \cdot (a_{ik}) = (r \cdot a_{ik})$.

7. Die Multiplikation einer m-n-Matrix mit einer n-p-Matrix erklärt folgendes Schema:

mit $c_{ik} = a_{i1} \cdot b_{1k} + a_{i2} \cdot b_{2k} + \ldots + a_{in} \cdot b_{nk}$.

7. In einer Woche kauft Familie Winter ein:

	Brot (kg)	Bröt-chen (Stück)	Fleisch (kg)	Auf-schnitt (kg)	Butter (kg)	Milch (l)	Fett (kg)	Obst (kg)	Gemüse (kg)	Kartoffeln (kg)
MO	1	6	1	0,2	—	2	0,2	1	1	—
DI	1	6	—	—	—	—	—	—	—	—
MI	1,2	6	1	0,2	0,5	2	0,2	1	2	5
DO	1	6	—	—	—	—	—	—	—	—
FR	1	6	—	—	—	1	0,2	1	1	—
SA	1,7	12	2	0,2	0,5	2	0,2	2	1,5	—

Die Lebensmittelpreise (von ... bis ...) in DM je o.g. Einheit betragen:

	Brot	Brötchen	Fleisch	Aufschnitt	Butter	Milch	Fett	Obst	Gemüse	Kartoffeln
min.	2,50	0,13	14	12	8,40	0,89	3,50	1,50	2,50	0,80
max.	3,20	0,15	19	22	10	1,05	4,50	2,20	3,00	1,10

a) Bestimme die Mittelwerte der Lebensmittelpreise.

b) Berechne für alle Wochentage die Mindest-, Höchst- und mittleren Ausgaben für Lebensmittel.

c) Berechne den Mittelwert der täglichen Ausgaben (mittlere Wochenausgaben: 7).

d) Berechne die mittleren Jahresausgaben (52 Wochen) für jedes Nahrungsmittel.

8. Kalorien-Fahrplan

Lebensmittel	1 kg Brot	1 Brötchen	1 kg Fleisch v. Schwein	1 kg Auf- schnitt	1 kg Butter	1 kg Fett	1 kg Obst	1 kg Gemüse	1 kg Kartoffeln
Kalorien (ca.)	600	80	3000	3500	7500	9250	600	300	1500

a) Berechne den mittleren täglichen Kalorienverbrauch der Familie (Aufgabe 7.).

b) Wieviele (welche) Mitglieder sollte die kalorienbewußte Familie Winter haben, wenn gilt:

Alter/Tätig- keit	6 Jahre	10 Jahre	Hausfrau	manuell arbeitender	Schwerarbeiter
tgl. Kalorien- bedarf	1900	2200	2400	3000	4000

2.11. Wahrscheinlichkeit und Statistik

Zielsetzung: Vgl. 2.10.

Es kann auch hier[1] kein Kurs „Wahrscheinlichkeit und Statistik im Unterricht" angegeben werden. Gezeigt werden soll lediglich, daß der ETR hierbei ein geeignetes Hilfsmittel zur Auswertung umfangreicher Datenmengen darstellt und schneller Informations-Lieferant ist. Weiter sollen hier an Beispielaufgaben die zentralen Begriffe und Formeln dieses umweltbezogenen Unterrichtsstoffes vorgestellt werden. Für eine spezielle Behandlung im Mathematikunterricht lese man z. B. Winter-Ziegler, Neue Mathematik Bd. 5—10, Hannover 1969—1974, und Panknin, M.: Kombinatorik, Wahrscheinlichkeit und Statistik für die Klassen 1—6, Bochum 1974. Da für Wahrscheinlichkeits-Aussagen die Grundaufgaben der Kombinatorik von großer Bedeutung sind, beginnen wir hiermit.

2.11.1. Kombinatorische Grundaufgaben und Wahrscheinlichkeit

Aufgaben

1. Eine Autofirma stellt PKW in sechs verschiedenen kW- (bzw. PS-) Klassen her; jede Klasse ist unterteilt in die Unterklassen N, S, GT, GL, GS, GLS, GTS, GTI. Ferner kann jedes Auto mit drei verschiedenen Sonderausrüstungen und zehn verschiedenen Farben geliefert werden.

a) Wieviele Autos stehen auf dem Ausstellungsgelände, auf dem jede Ausrüstung genau einmal vertreten ist?

b) Wieviele Autos mit gleicher Unterklassenbezeichnung, gleicher Sonderausstattung und gleicher Farbe stehen auf dem Gelände? Wieviele mit gleicher Sonderausstattung und gleicher Farbe? Wieviele mit gleicher Farbe?

(L)   a) $6 \cdot 8 \cdot 3 \cdot 10 = 1440$;   b) 6; 48; 144.

---

[1] genauso wenig wie in Abschnitt 2.10 „Rechnen mit Tabellen"

2. Erfinde entsprechende Aufgaben zu folgender Tabelle. Fülle diese aus. Interpretiere sie!

a	b	c	d	e	$a \cdot b$	$a \cdot b \cdot c$	$a \cdot b \cdot c \cdot d$	$a \cdot b \cdot c \cdot d \cdot e$
3	5	2	4	0				
5	3	4	2	6				
8	7	6	5	4				
6	6	6	6	6				
1	2	3	4	5				
2	3	4	5	6				

Merke: Hat man k Plätze zu belegen, wobei der 1. Platz mit a_1 verschiedenen Zuständen (Einzelbelegungen) belegt werden kann, der 2. mit a_2 usw. der k-te Platz mit a_k Zuständen, so gibt es genau $a_1 \cdot a_2 \cdot \ldots \cdot a_k$ Belegungsmöglichkeiten (oder Belegungen).

Platz Nr.	1	2	3	...	k	
Einzel-belegungen	a_1	a_2	a_3	...	a_k	
RAP						ergibt Anzahl aller Belegungen.

3. a) Wieviele verschiedene fünfstellige (k-stellige) Zahlwörter kann man mit den 10 Dezimalziffern 0, 1, 2, …, 9 schreiben? Man vereinbare hierzu z. B.: 0 = 00000, 8030 = 08030.

  b) Wieviele dreistellige (k-stellige) Dualzahlwörter gibt es? D. h. wieviele Zahlwörter von 000 bis 111 ($\underbrace{(0 \ldots 0)}_{k \text{ Ziffern}}$ bis $\underbrace{1 \ldots 1)}_{k \text{ Ziffern}}$ gibt es?

  c) Wieviele „Wörter" mit genau zwei Buchstaben (k Buchstaben) des lat. Alphabetes gibt es? Diese Wörter können auch sinnlos sein, z. B. AX, XA.

  d) In einem Topf sind eine schwarze, eine rote und eine weiße Kugel. Man greife zweimal in den Topf, hole eine Kugel heraus, notiere die Farbe und lege die Kugel zurück. Welche „Kugelfarben-Folgen" sind möglich? D. h. wieviele „Folgen" der Art ss, sr, sw, rs bis ww gibt es? Wieviele „Folgen" gibt es, wenn man dreimal, viermal bzw. k-mal in den Topf greift?

(L)   a) $10^5 = 100\,000$;   b) $2^3 = 8$ (bzw. 2^k);
      c) $26^2 = 676$ (26^k);   d) 3^2 (3^3; 3^k).

4. Erfinde Aufgaben, fülle aus, interpretiere:

n	1	2	3	4	5	6	7
k	5	5	5	5	4	7	9
n^k							

> **Merke:** Hat man k Plätze jeweils mit n Einzelbelegungen zu belegen, so gibt es genau
> n^k Belegungen.
> Eine solche Belegung heißt auch *Variation von* n *Elementen zur Klasse* k *mit Wiederholung*
> (Einzelbelegungen können *mehrfach* auftreten). Ihre Gesamtzahl bezeichnet man mit
> $\overline{V}_k$ (n). Es gilt also $\underline{\overline{V}_k (n) = n^k}$.

5. a) Wieviele verschiedene zweistellige (dreistellige bzw. k-stellige) Zahlwörter kann man mit den
9 Dezimalziffern 1, 2 bis 9 schreiben, wenn *keine* Ziffer *doppelt* auftreten darf? Wie groß
kann k maximal sein?

b) Ich würfele mit einem schwarzen, einem roten und einem grünen Würfel. Wieviele Möglichkeiten
gibt es, verschiedene Zahlen zu würfeln, wenn der schwarze Würfel die erste Ziffer (z. B. 6) liefert,
der rote die zweite (z. B. 1) und der grüne die dritte Ziffer (z. B. 3) und *keine* Ziffern *mehrfach*
auftreten dürfen (z. B. 616 ist ausgeschlossen)?

c) Wieviele „Wörter" mit genau zwei (drei bzw. k) Buchstaben gibt es, bei denen *kein* Buchstabe
doppelt auftritt? Wie groß kann die Wortlänge k maximal sein?

Ⓛ   a) $9 \cdot 8 = 72$ ($9 \cdot 8 \cdot 7 = 504$; $k \leq 9$) ,
         b) $6 \cdot 5 \cdot 4 = 120$,
         c) $26 \cdot 25 = 650$; ($26 \cdot 25 \cdot 24 = 15\,600$; $k \leq 26$) .

6. Erfinde Aufgaben, fülle aus, interpretiere:

a)

n	6	6	49	10	10	10
k	3	4	4	5	9	10
	$6 \cdot 5 \cdot 4$	$6 \cdot 5 \cdot 4 \cdot 3 =$	$49 \cdot 48 \cdot 47 \cdot 46 =$	$10 \cdot 9 \cdot 8 \cdot 7 \cdot 6 =$	$10 \cdot 9 \ldots 3 \cdot 2 =$	$\ldots$

b) n = 13:

2	4	8	12	13	k $(1 \leq k \leq 13)$
$13 \cdot 12 =$	$13 \cdot 12 \cdot 11 \cdot 10 =$	$13 \cdot 12 \cdot \ldots \cdot 6 =$	$13 \cdot 12 \cdot \ldots$ $=$	$13 \cdot 12 \ldots$ $=$	$13 \cdot \ldots$

> **Merke:** Hat man k Plätze jeweils mit n Einzelbelegungen zu belegen, wobei *keine* Einzel-
> belegung *mehrfach* auftritt, so gibt es genau $n \cdot (n-1) \cdot (n-2) \ldots (n-k+1)$ Belegungen.
> Eine solche Belegung heißt auch *Variation von* n *Elementen* zur Klasse k. Ihre Gesamtzahl
> bezeichnet man mit V_k (n). Es gilt also: $V_k (n) = n \cdot (n-1) \cdot (n-2) \ldots (n-k+1)$.

7. a) Betrachte die Sonderfälle in den Beispielen der Aufgaben 5. und 6., wobei die Anzahl der
Plätze (k) und Einzelbelegungen (n) gleich sind.

b) Wieviele verschiedene dreistellige Zahlwörter kann man mit genau drei Ziffern schreiben, wenn
keine Ziffer mehrfach auftritt?

c) Wieviele Platzverteilungen gibt es, wenn 3 (5, 10 bzw. n) Personen auf genau 3 (5, 10 bzw. n)
Stühlen platznehmen sollen?

d) Wieviele Möglichkeiten gibt es, ein Lied so zu beginnen, daß die ersten drei (acht) Töne die
Elemente des Dreiklangs „c, e, g" (die Töne „c, d, e, f, g, a, h, c") sind?

e) Wieviele Wörter mit genau sieben Buchstaben lassen sich aus den Buchstaben des Wortes
„Alexius" bilden?

Wieviele dieser Wörter beginnen mit A?

Wieviele beginnen mit A *oder* S?

Wieviele beginnen mit A, haben in der Mitte ein X *und* enden mit S?

Wieviele beginnen mit E *oder* enden mit EIS?

Wieviele beginnen mit S *oder* enden mit LEX?

(L) b) $3 \cdot 2 \cdot 1 = 6$;

c) 6 $(120;\ 3628800 = 1 \cdot 2 \cdot 3 \cdot 4 \cdot \ldots \cdot 9 \cdot 10)$;

d) 6 $(40320 = 2 \cdot 3 \cdot \ldots \cdot 8)$;

e) 5040 Wörter, davon beginnen 720 mit A, 1440 mit A oder S; 24 beginnen mit A, haben in der Mitte ein X und enden mit S (4 Plätze waren noch frei belegbar)! $720 + 24 = 744$ beginnen mit E oder enden mit EIS (kein Wort beginnt mit E *und* endet mit EIS, weil E nur einmal auftreten kann);

Von den Wörtern, die mit S beginnen *oder* LEX enden, gibt es jedoch 6 Wörter (S∪∪∪LEX), die mit S beginnen *und* gleichzeitig mit LEX enden. Es gibt also $720 + 24 - 6 = 738$ Wörter die mit S beginnen *oder* LEX enden.

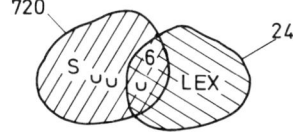

8. Erfinde Aufgaben, fülle aus, interpretiere:

1	2	3	4	5	6	7	8	9	10	n
1	2	$2 \cdot 3 =$	$2 \cdot 3 \cdot 4 =$	$2 \cdot 3 \cdot 4 \cdot 5 =$	$2 \cdot 3 \cdot \ldots \cdot 6 =$	$2 \cdot 3 \cdot \ldots \cdot 7 =$	$2 \cdot 3 \cdot \ldots \cdot 8 =$	$2 \cdot \ldots =$	$\ldots$	$2 \cdot 3 \cdot \ldots =$

Merke: Hat man n Plätze jeweils mit n Einzelbelegungen zu belegen, so gibt es genau $1 \cdot 2 \cdot 3 \cdot \ldots \cdot n$ Belegungen. Statt $1 \cdot 2 \cdot 3 \cdot \ldots \cdot n$ schreibt man n! (lies: n Fakultät). Es gilt also: $1! = 1;\ 2! = 2;\ 3! = 2 \cdot 3 = 6;\ 4! = 3! \cdot 4 = 24;$ $(n + 1)! = n! \cdot (n + 1) = (n - 1)! \cdot n \cdot (n + 1) = 1 \cdot 2 \cdot \ldots \cdot (n + 1).$

Eine solche Belegung heißt auch *Permutation von* n *Elementen.* Ihre Gesamtzahl bezeichnet man mit $P(n)$. Es gilt also: $\underline{P(n) = n!}$

9. a) In einer Klassenarbeit werden vier (sechs bzw. n) verschiedene Aufgaben gestellt, von denen genau zwei (drei bzw. vier) auszuwählen und zu bearbeiten sind. Wieviele verschiedene Wahlmöglichkeiten (Kombinationen) gibt es? Vielleicht hilft die folgende Tabelle.

Anzahl der Aufgaben	4	4	4	6	6	6	n	n
davon sind zu wählen	2	3	4	2	3	4	4	k
Anzahl der Wahlmöglichkeiten, d. h. Variationen	$V_2(4) =$ $4 \cdot 3 = 12$	$V_3(4)$ $= 24$						
Da die Reihenfolge der ausgewählten Aufgaben vertauscht (permutiert) werden kann, sind jeweils gleichwertig	$P(2) = 2$	$P(3) =$						
Es gibt also genau verschiedene Wahlmöglichkeiten:	$\dfrac{V_2(4)}{P(2)}$ $= 6$	$\dfrac{V_2(4)}{P(3)}$ $=$						

b) In einer Klasse sind 30 Schüler. Wieviele Fußballmannschaften kann man zusammenstellen? Wieviele „Zuschauermannschaften" von jeweils (30 − 11 =) 19 Schülern gibt es?

c) Wieviele Lottoscheine (6 aus 49) müssen ausgefüllt werden, damit jeweils mindestens einmal eine, zwei, drei, vier, fünf bzw. sechs richtige Zahlen angekreuzt sind?

d) Vier (fünf, sechs bzw. n) Personen prosten einander zu. Wie oft stoßen je zwei Gläser aneinander?

Ⓛ

b) $\dfrac{30 \cdot 29 \cdot 28 \cdot \ldots \cdot 20}{2 \cdot 3 \cdot \ldots \cdot 11} = 54\,627\,300$,

c) 49; 1 176; 18 424; 211 876; 1 806 884; 13 983 816,

d) 6; 10; 15; $\dfrac{n \cdot (n-1)}{2}$.

Merke: Hat man aus n Plätzen jeweils k verschiedene Plätze zu belegen, so gibt es genau

$$\frac{V_k(n)}{P(k)} = \frac{n(n-1) \cdot (n-2) \cdot \ldots \cdot (n-k+1)}{2 \cdot 3 \cdot \ldots \cdot k} \quad \text{Wahlmöglichkeiten.}$$

Eine solche Wahlmöglichkeit heißt auch *Kombination von* n *Elementen zur Klasse* k. Ihre Gesamtanzahl bezeichnet man mit $\binom{n}{k}$ (sprich „n über k"). Es gilt also für $1 \leq k \leq n$:

$$\binom{n}{k} = \frac{n(n-1) \ldots (n-k+1)}{k!} \quad \text{oder auch} \quad \binom{n}{k} = \frac{n!}{(n-k)! \cdot k!}$$

---

10. Auf einem Brett (Galton-Brett) sind Nägel in einem Dreieckmuster angeordnet. In der n-ten Zeile sind jeweils (n + 1) Nägel von 0 bis n durchnummeriert, diese Nummer sei k. Auf den ersten Nagel an der Spitze fallen nacheinander Metallkugeln, die von diesem „mit gleicher Wahrscheinlichkeit" entweder nach rechts oder links auf die darunter liegende Nagelzeile fallen.

```
                                    n
                              •        0. (Spitze)
                           •     •     1.
                        •     •     •  2.
                     •     •     •    • 3.
                  •     •     •    •   • 4. Zeile
               k = 0   1   2   3   4
```

a) Wieviele Wege führen zum k-ten Nagel in der n-ten Zeile? Vervollständige bis zur zehnten Zeile und vergleiche diese Zahlen mit $\binom{n}{k}$.

b) Wieviele Wege führen insgesamt zur n-ten Zeile (n = 1, 2, …, 10)? Erkennst Du eine Gesetzmäßigkeit?

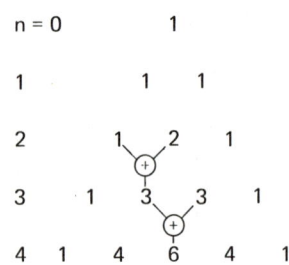

c) Als *Wahrscheinlichkeit* $p(n,k)$ für das Auftreffen einer Kugel auf den k-ten Nagel in der n-ten Zeile wird das Verhältnis (Quotient) aus der Anzahl aller Wege zu diesem Nagel und der Wegeanzahl zur n-ten Zeile insgesamt erklärt; z.B. $p(3,1) = p(3,2) = \frac{3}{8}$, $p(4,2) = \frac{6}{16}$.

Ergänze bis zur zehnten Zeile. Berechne mit dem ETR erst danach die Dezimalbrüche. Entdeckst Du Gesetzmäßigkeiten?

$$\frac{1}{1}$$

$$\frac{1}{2} \quad \frac{1}{2}$$

$$\frac{1}{4} \quad \frac{2}{4} \quad \frac{1}{4}$$

$$\frac{1}{8} \quad \frac{3}{8} \quad \frac{3}{8} \quad \frac{1}{8}$$

$$\frac{1}{16} \quad \frac{4}{16} \quad \frac{6}{16} \quad \frac{4}{16} \quad \frac{1}{16}$$

bzw.

1

0,5   0,5

0,25   0,5   0,25

0,125   0,375   0,375   0,125

d) Erstelle eine Graphik, aus der für die 5. (8. bzw. 10.) Zeile jeweils $p(5, k)$, $(p(8, k)$ bzw. $p(10, k))$ in Abhängigkeit von k dargestellt ist.

Anmerkung: Es handelt sich hierbei um eine *Wahrscheinlichkeitsverteilung*. Diese spezielle heißt *Binomialverteilung*. Es gilt:

$$p(n,k) = \frac{1}{2^n} \cdot \binom{n}{k} = \frac{1}{2^n} \cdot \frac{n!}{(n-k)! \cdot k!} \,.$$

(L) b) $\displaystyle\sum_{k=0}^{n} \binom{n}{k} = 2^n$.

c) Die Summen der Wahrscheinlichkeiten jeder Zeile ist immer gleich 1.

11. Denke Dir alle verschiedenen Wörter mit genau sieben Buchstaben auf Kärtchen geschrieben in einer großen Lostrommel.

a) Wieviele Kärtchen sind in der Lostrommel? Wie groß ist die Wahrscheinlichkeit beim Herausgreifen eines Kärtchens, das mit dem Namen „Andreas" zu ziehen?

b) Wie groß ist die Wahrscheinlichkeit, ein Wort mit dem (den) Anfangsbuchstaben „A" („ABC") herauszugreifen?

c) Wie groß ist die Wahrscheinlichkeit, ein Wort herauszugreifen, in dem alle Buchstaben des Wortes „ALEXIUS" vorkommen? Wähle statt „Alexius" das Wort „ANDREAS".

d) Wie groß ist die Wahrscheinlichkeit, ein Wort mit sechs (sieben) Buchstaben herauszugreifen?

> **Merke:** Zur Berechnung der „Wahrscheinlichkeit $p(E)$ eines Ereignisses E" dient folgende (klassische) Methode: Erscheint ein Ereignis E in n_E Fällen, (d.h. n_E mal) bei n sich gegenseitig ausschließenden und gleichmöglichen Fällen, so ist die Wahrscheinlichkeit von E:
>
> $$p(E) = \frac{n_E}{n} = \frac{\text{Anzahl der „günstigen" Fälle}}{\text{Anzahl der „möglichen" Fälle}} \,.$$

Folgerung: Es gilt immer $0 \leq p(E) \leq 1$. Ist $p(E) = 0$, so heißt E ein *unmögliches* Ereignis; ist $p(E) = 1$, so heißt E *sicheres* Ereignis.

(L) a) $1 : 26^7$;

b) $1 : 26$; $26^4 : 26^7 = 1 : 26^3$;

c) $7! : 26^7$; $\frac{1}{2} \cdot 7! : 26^7$;

d) 0; 1 .

12. Eine Teilmenge T einer Menge M (z.B. M = {a, b, c}) mit n Elementen erhält man, wenn aus M ein, zwei ... bis n Elemente oder *kein* Element (T = ∅) herausgegriffen werden. Wieviele Teilmengen mit keinem, einem, zwei ... k ... n Elementen gibt es? Wieviele Teilmengen M gibt es insgesamt? Fülle folgende Tabelle aus:

k \\ n	0	1	2	3	4	5	6	Anzahl aller Teilmengen
1								
2								
3	1	3	3	1				8
4								
5								
6								

(L) $|P(M)| = 2^{|M|}$ für endliche Mengen M.

13. a) Mit welcher Wahrscheinlichkeit sind von 7 (n) Personen „keine 2 am gleichen Wochentag'' (im gleichen Monat) geboren? Rechne und interpretiere:

Personen	1	2	3	4	5	6	$\boxed{7}$	8
Wahrscheinlichkeit „*keine* 2 am gleichen Wochentag geboren''	1	$\frac{6}{7}$	$\frac{6}{7}\cdot\frac{5}{7}=$	$\frac{6}{7}\cdot\frac{5}{7}\cdot\frac{4}{7}=$				
		$\cdot\frac{6}{7}$	$\cdot\frac{5}{7}$	$\cdot\frac{4}{7}$	$\cdot\frac{3}{7}$	$\cdot\frac{2}{7}$	$\cdot\frac{1}{7}$	?

b) Mit welcher Wahrscheinlichkeit sind von n Personen *mindestens* 2 am gleichen Wochentag (im gleichen Monat) geboren? Fülle die Tabelle aus:

Personen	1	2	3	4	5	6	7	8	n
Mindestens 2 am gleichen Wochentag geboren	0	$1-\frac{6}{7}=$	$1-\frac{6}{7}\cdot\frac{5}{7}=$						$1-\frac{7}{7}\cdot\frac{6}{7}\cdot....\cdot\frac{7-n+1}{7}$

c) Wieviele Personen sollten mindestens zusammen sein, damit Du „wahrscheinlich'' eine Wette gewinnst, daß *mindestens* 2 von diesen im gleichen Monat geboren sind?

d) Wie groß ist die Wahrscheinlichkeit, daß von n zufällig versammelten Personen mindestens zwei an einem Tag Geburtstag haben? Ergänze die Tabelle bis n = 30; stelle p(n) in einem Koordinatensystem dar? Bist Du „sicher'', eine Wette zu gewinnen, daß bei 100 Personen mindestens 2 am gleichen Tag Geburtstag haben? Wie erhöht sich die Wahrscheinlichkeit bei jeder hinzukommenden Person?

n	1	2	3	4	5 ...	23	
$1 - p(n)$	$1 \cdot \frac{365}{366}$	0,9977	$\cdot \frac{364}{366}$	$\cdot \frac{363}{366}$		0,4937	
$p(n)$	0	0,0027				0,5063	
$p(n) - p(n-1)$	–	0,0027					

$$\text{Formel:} \quad p(n) = 1 - \frac{366 \cdot 365 \cdot 364 \cdot \ldots \cdot (366 - n + 1)}{(366)^n}$$

Gilt diese Formel auch für $n \geq 367$?

Ⓛ c) Bei 5 Personen beträgt die Wahrscheinlichkeit 0,62.

2.11.2. Statistik

Aufgaben

1. Bei einem Sportfest erreichen 17 Schüler der Klasse 7a die in der folgenden *Urliste* aufgeführten Punktzahlen:

Schüler Nr.	1	2	3	4	5	6	7	8	9	10	11	12	13	14	15	16	17
Punktzahl	17	20	24	30	11	18	22	27	23	11	25	9	21	28	6	26	12

a) Erstelle aus dieser Liste eine *Rangliste:*

Schüler Nr.	15	12															4
Punktzahl	6	9															30
Rang-Nr.	17	16	14,5	14,5	13	12	11	10	9	8	7	6	5	4	3	2	1

b) Die mittlere Rang-Nr. ist 9 (= $\frac{17+1}{2}$). Wie groß ist die zugehörige Punktzahl (der *Zentralwert*)? Wie groß ist die Differenz zwischen der größten und der niedrigsten Punktzahl *(Spannweite)*? Wie groß ist der *Mittelwert* der erreichten Punktzahlen?

c) Zeichne zwei graphische Darstellungen für die Punktzahlen in Abhängigkeit von der Schülernummer bzw. von der Rangnummer.

d) Berechne die *mittlere Abweichung vom Zentralwert* (21):

$$\{(21 - 6) + (21 - q) + \ldots + (21 - 21) + (22 - 21) + \ldots + (30 - 21)\} : 17$$

und entsprechend die *mittlere Abweichung vom Mittelwert* (19,41).

e) Berechne jeweils die Quadrate aller Abweichungen vom Zentral- bzw. Mittelwert und damit die *mittlere quadratische Abweichung* vom Zentralwert bzw. vom Mittelwert. Der Wurzelwert der mittleren quadratischen Abweichung vom Mittelwert heißt auch *Standardabweichung*. abweichung.

Ⓛ b) Zentralwert: 21; Spannweite: 24; Mittelwert: 19,41.

e) Mittlere quadratische Abweichung vom Zentralwert: 52,76; vom Mittelwert: 50,24; Standardabweichung: 7,09.

2. Bei je 1000 Würfen mit zwei Würfeln ergaben sich folgende Ergebnisse.

a) Ergänze die Tabelle:

Augenzahl	1. Würfel Absolute Häufigkeit Augenzahl erschien ..... mal	relative Häufigkeit	2. Würfel Absolute Häufigkeit	relative Häufigkeit
1	184	184 : 1000	172	
2	195		180	
3	165		163	
4	160		159	
5	146		165	
6	150		161	

b) Berechne die Mittelwerte, die mittlere Abweichung von dem Mittelwert und die Standardabweichung für jeden Würfel.

c) Wie ändern sich diese Werte, wenn man noch 10-mal würfelt und *jedesmal* dabei eine 6 wirft?

Merke: Bei einer *Stichprobe* von n Werten $x_1, x_2, \ldots, x_n$ interessieren folgende statistische Begriffe:

	Umfang der Stichprobe:	n
	Zentralwert :	Z (Wert in der „Mitte" der Rangliste)
	Mittelwert :	$\overline{x}$
	Maximal- und Minimalwert	x_{max}, x_{min}
Streuungsmaße	Spannweite	$x_{max} - x_{min}$
	mittl. Abweichung vom Zentralwert	$\frac{1}{n} \cdot \{ |x_1 - Z| + |x_2 - Z| + \ldots + |x_n - Z| \}$
	mittl. Abweichung vom Mittelwert	$\frac{1}{n} \cdot \{ |x_1 - \overline{x}| + |x_2 - \overline{x}| + \ldots + |x_n - \overline{x}| \}$
	Standardabweichung	$s = \sqrt{\dfrac{(x_1 - \overline{x})^2 + (x_2 - \overline{x})^2 + \ldots + (x_n - \overline{x})^2}{n}}$

3. Werte die Ergebnisse einer Klassenarbeit aus:

Note i	Anzahl der Schüler a_i	Note mal Schüleranzahl $i \cdot a_i$	Einzelabweichung von $\overline{x}$ $(a_i \lvert i - \overline{x} \rvert)$	Quadratische Einzelabweichung von $\overline{x}$, d. h. $a_i (i - \overline{x})^2$
1	2			
2	6			
3	13	$+$	$+$	$+$	$+$
4	8				$\div \lfloor n$
5	4				
6	1				
	Gesamtzahl der Schüler $n =$	Summe aller $i \cdot a_i$: $S =$	Summe aller Abweichungen von $\overline{X}$: $\div \lfloor n$	mittlere quadratische Abweichung von $\overline{X}$: $\sqrt{}$
	Durchschnittsnote $\lfloor S \rfloor \div \lfloor n \rfloor = $ $\overline{X} =$		mittlere Abweichung von $\overline{X}$: $d =$	Standardabweichung $s =$

Wieviele Schüler haben Noten zwischen $(\overline{X} - s)$ und $(\overline{X} + s)$?
Wieviele haben Noten zwischen $(\overline{X} - d)$ und $(\overline{X} + d)$?

Ⓛ $n = 34$; $S = 111$; $\overline{x} = 3{,}26$; $d = 0{,}28$; $s = 0{,}70$.

4. Bei einem physikalischen Versuch zum „freien Fall" werden die Zeiten gemessen, die eine Kugel für das Durchfallen eines Weges von 2 m Länge benötigt:

Messung Nr.	1	2	3	4	5	6	7	8	9	10
gemessene Zeit t in s	0,62	0,61	0,64	0,63	0,64	0,65	0,62	0,65	0,61	0,66

a) Berechne die durchschnittliche Fallzeit $\overline{t}$ und die Standardabweichung s.

b) Berechne:

$$\overline{g} = \frac{4}{\overline{t}^2}, \qquad g^+ = \frac{4}{(\overline{t} + s)^2}, \qquad g^- = \frac{4}{(\overline{t} - s)^2}.$$

Diskutiere dieses Ergebnis für die Erdbeschleunigung g (in $\frac{m}{s^2}$).

(Weg-Zeit-Gesetz für den freien Fall: $s = \frac{1}{2} gt^2$.)

Ⓛ   Mittelwert $\overline{t} = 0{,}633$;
Standardabweichung: $s = 0{,}017$, $\overline{g} = 9{,}98$; $g^+ = 9{,}47$; $g^- = 10{,}5$.

3 Näherungsverfahren und Grenzwerte

Zielsetzung: *Hier erweist sich wiederum der ETR als methodisches, ökonomisches Hilfsmittel. Verfahren zur schrittweisen Annäherung an einen interessierenden, vermuteten Wert (reelle Zahl) können vielfach heuristisch, empirisch entwickelt werden (Probierverfahren), Annäherungsstrategien entdeckt und vorgegebene Algorithmen über mehrere Schritte durchgerechnet werden, ohne durch lästige „Nebenrechnungen" frustriert und vom Wesentlichen — nämlich vom Algorithmus — abgelenkt zu werden. Dabei „erlebt" man häufig Konvergenz- (oder Divergenz-)Verhalten; Grenzwerte können „erahnt" — nicht als solche bewiesen — werden; Gütekriterien für Algorithmen (z.B. Konvergenzgeschwindigkeit, Einfachheit, Anzahl der Rechenschritte pro „Zyklus") sind erfahrbar.*

Da wir uns auch hier auf den Einsatz von nicht programmierbaren ETR beschränken wollen, andererseits der PTR (programmierbarer TR) hierbei verstärkt an Bedeutung gewinnt, werden unsere Ausführungen sich auf einige wesentliche Punkte beschränken.

Die hier ausführlicher behandelte Problematik wurde schon mehrfach angesprochen: vgl. Abschnitt 1.5 Aufgaben 1., 7. und 11.; Abschnitt 1.7 Aufgaben 6. und 7.; Abschnitt 1.8 Aufgaben 8., 12. und 13.; Abschnitt 1.10 Aufgabe 7.; Abschnitt 1.11 Aufgaben 4., 5. und 8.

3.1. Das „Probierverfahren" zur Nullstellenbestimmung von Funktionen

Problem-Beispiele:

a) Bestimme $\sqrt{5}$; allgemein $\sqrt{a}$ mit $a \geq 0$.

b) Berechne $\sqrt[3]{4711}$; allgemein $\sqrt[n]{a}$ mit $n \in \mathbb{N}$ und $a \geq 0$.

c) Wie groß ist $\arcsin(-0,5)$?

d) Wie groß ist $\lg 5$?

e) Bestimme x so, daß $\frac{10}{x} = \frac{x}{10-x}$ (Goldener Schnitt).

f) Gibt es ein x so, daß $x^x = 5$?

Solche und ähnliche Probleme kann man uminterpretieren: Bestimme jeweils x so, daß der Funktionswert $y = f(x)$ identisch Null wird. Dabei ist häufig das Wort „bestimme" nicht ganz wörtlich zu nehmen, da es z.B. für $\sqrt{5}$ und $\lg 5$ keine „genaue" Dezimalzahldarstellung gibt (es sind irrationale reelle Zahlen mit nicht periodischen, unendlichen Dezimalzahldarstellungen).

Beispiele:

a) $f(x) = x^2 - 5$; $0 = x^2 - 5$ oder $x^2 = 5$,

b) $f(x) = x^3 - 4711$; $0 = x^3 - 4711$ oder $x^3 = 4711$,

c) $f(x) = \sin x + 0,5$; $0 = \sin x + 0,5$ oder $\sin x = -0,5$,

d) $f(x) = 10^x - 5$; $0 = 10^x - 5$ oder $10^x = 5$,

e) $f(x) = \frac{10}{x} - \frac{x}{10-x}$; $0 = \frac{10}{x} - \frac{x}{10-x}$,

f) $f(x) = x^x - 5$; $0 = x^x - 5$.

Die Lösung solcher Probleme finden wir häufig sehr schnell nach dem „Probierverfahren":

(1) Wähle einen Wert für x.

(2) Ist $f(x)$ (ungefähr) gleich Null?

Wenn ja:　　(3a)　x ist gesuchter (Näherungs-)Wert.

Wenn nein:　(3b)　Wähle neuen Wert für x und gehe zu (2).

In einem Programmablaufplan (oder Flußdiagramm) sieht das so aus:

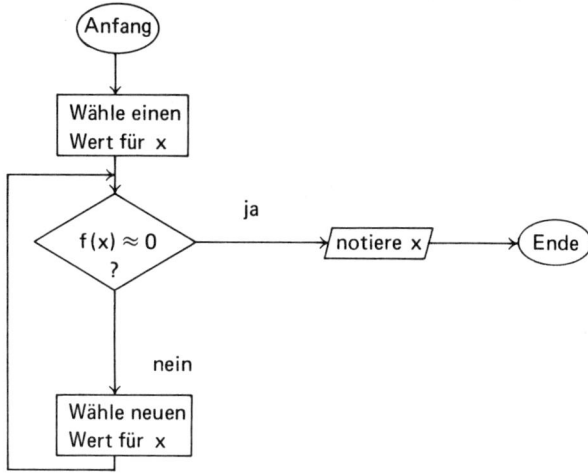

Hierbei sind sicherlich zwei Punkte noch unklar:

(1) Wie soll man die x-Werte sinnvoll wählen?

(2) Was bedeutet $f(x) \approx 0$?

Zu (2): Die Genauigkeitsabfrage präzisiert man z.B. durch die Forderung: „Bestimme x auf 3 (bzw. n) Dezimalstellen genau".

Zu (1): Wir suchen z.B. nacheinander alle interessierenden Dezimalziffern von x, mit der wichtigsten („linken") beginnend. Dabei befolgen wir eine Strategie der „Intervallschachtelung".

Beispiel: Bestimme $\sqrt[3]{4711}$ auf 3 Dezimalstellen genau:

Versuch-Nr.	x-Wert	Vergleiche x^3 mit 4711	Folgerung	„Sicher" ist die Ziffer:
1	1	$1 < 4711$	$1 < x$	
2	10	$1000 < 4711$	$10 < x$	
3	100	$1\,000\,000 > 4711$	$10 < x < 100$	
4	50	$125\,000 > \dots$	$10 < x < 50$	
5	20	$8000 >$	$10 < x < 20$	$1\dots$
6	15	$3375 <$	$15 < x < 20$	
7	18	$5832 >$	$15 < x < 18$	
8	16	$4096 <$	$16 < x < 18$	
9	17	$4913 >$	$16 < x < 17$	$16\dots$
10	16,5	$44\dots <$	$16,5 < x < 17$	
11	16,7	$46\dots <$	$16,7 < x < 17$	
12	16,8	$474\dots >$	$16,7 < x < 16,8$	
13	16,75	$469\dots <$	$16,75 < x < 16,8$	$\boxed{16,8}$

Ergebnis: 16,8 ist der auf 3 Dezimalstellen gerundete Näherungswert für $\sqrt[3]{4711}$.

Aufgaben

1. Berechne (ohne Benutzung der Wurzelfunktionstaste!) entsprechend $\sqrt{12345}$; $\sqrt[3]{12345}$; $\sqrt[5]{12345}$; $\sqrt[6]{12345}$ auf 3 Dezimalstellen genau. Wieviele Versuche brauchst Du?

2. Berechne entsprechend: $\sqrt[7]{1234567}$; $\sqrt[9]{1234567}$; $\sqrt[11]{1234567}$; $\sqrt[15]{1234567}$; $\sqrt[30]{1234567}$.
   Benutze hierbei die $\boxed{\sqrt{\ }}$-Taste zur Ermittlung eines „guten" Anfangswertes; z.B. für $\sqrt[7]{a}$ ist ein guter Anfangswert $\sqrt{\sqrt{\sqrt{a}}}$.

3. Bestimme auf 3 Stellen genau (mindestens) eine Lösung. Benutze die $\boxed{\sin}$- bzw. $\boxed{\cos}$-Taste:

   a) $\sin\alpha = 0{,}5$ b) $\sin\alpha = -0{,}5$ c) $\sin\alpha = 0{,}5 \cdot \sqrt{2}$

   d) $\cos\alpha = 0{,}5$ e) $\cos\alpha = -\frac{1}{3}$ f) $\cos\alpha = \frac{1}{3} \cdot \sqrt{3}$

4. Bestimme mit der $\boxed{y^x}$-Taste (oder $\boxed{e^x}$-Taste) die Lösung(en) von

   a) $10^x = 5$;   b) $x^x = 2$;   c) $x^x = 10$;   d) $x^x = x$;   e) $x^x = 2x$;   f) $x^x = 3x$;   g) $\ln x = -1$.

   auf vier Stellen genau. Zeichne das Bild von $y = x^x$.

   Ⓛ   a) 0,6990;   b) 1,560;   c) 2,506;   d) 1;   f) 2,311; 0,2370;   g) 0,3679.

3.1.1. Eine Halbierungsstrategie zur Berechnung von $^a\log y$ mit der $\boxed{\sqrt{\ }}$-Taste

Folgendes Schema zeigt eine Näherungsmethode zur Lösung der Gleichung $10^x = 50$, d.h. zur Annäherung von $\lg 50$. Dabei soll *nicht* die $\boxed{y^x}$-Taste o.ä. sondern die $\boxed{\sqrt{x}}$-Taste benutzt werden können. Man interpretiere und veranschauliche diese „Intervallschachtelung durch Halbierungsstrategie" am Graphen von $y = 10^x$.

Intervall-breite (für die x-Werte)	x-Wert	Vergleich von 10^x mit 50	Folgerung
$\diagup$	1	$10^1 < 50$	$1 < x$
1	2	$10^2 > 50$	$1 < x < 2$
$\frac{1}{2}$	$1+\frac{1}{2}$	$10\cdot\sqrt{10} < 50$	$1+\frac{1}{2} < x < 2$
$\frac{1}{4}$	$1+\frac{1}{2}+\frac{1}{4}$	$10\cdot\sqrt{10}\cdot\sqrt{\sqrt{10}} > 50$	$1+\frac{1}{2} < x < 1+\frac{1}{2}+\frac{1}{4}$
$\frac{1}{8}$	$1+\frac{1}{2}+\frac{1}{8}$	$10\cdot\sqrt{10}\cdot\sqrt{\sqrt{\sqrt{10}}} < 50$	$1+\frac{1}{2}+\frac{1}{8} < x < 1+\frac{1}{2}+\frac{1}{4}$
$\frac{1}{16}$	$1+\frac{1}{2}+\frac{1}{8}+\frac{1}{16}$	$10\cdot\sqrt{10}\cdot\sqrt{\sqrt{\sqrt{10}}}\cdot\sqrt{\sqrt{\sqrt{\sqrt{10}}}} < 50$	$1+\frac{1}{2}+\frac{1}{8}+\frac{1}{16} < x < 1+\frac{1}{2}+\frac{1}{4}$
$\frac{1}{32}$	$1+\frac{1}{2}+\frac{1}{8}+\frac{1}{16}+\frac{1}{32}$	$10\cdot\sqrt{10}\cdot\sqrt{\sqrt{\sqrt{10}}}\cdot\sqrt{\sqrt{\sqrt{\sqrt{10}}}}\cdot 10^{\frac{1}{32}} > 50$	$1+\frac{1}{2}+\frac{1}{8}+\frac{1}{16} < x < 1+\frac{1}{2}+\frac{1}{8}+\frac{1}{16}+\frac{1}{32}$

Daraus folgt (nach einmaliger Verdopplung und) nach fünfmaliger Halbierung für die Intervallbreite: $\frac{1}{2^5} = \frac{1}{32}$ und für die x-Näherung: $1 + \frac{1}{2} + \frac{1}{8} + \frac{1}{16} = 1{,}6875 < x < 1{,}6875 + \frac{1}{32}$.

Aufgabe

1. a) Wie groß ist nach diesem Verfahren der Fehler von x maximal nach der 10-ten bzw. n-ten Halbierung?

   b) Berechne hiernach die Zehnerlogarithmen lg 2, lg 3, lg 4, lg 7.

   c) Was ändert sich in diesem Näherungsverfahren bei der Näherung von Logarithmen zu beliebigen Basen a $(0 < a \neq 1)$?
   Berechne: $^2\log 5$; $^3\log 5$; $\ln 5$.

Ⓛ a) $\frac{1}{2^{10}} = \frac{1}{1024} < 0{,}001$; $\frac{1}{2^n}$.

   c) In der dritten Spalte tritt lediglich a (z.B. 2; 3; e) an die Stelle von 10.

3.1.2. Spezielle Verfahren zur Wurzel-Annäherung

Ein spezielles Verfahren z.B. zur Annäherung von $\sqrt{5}$ verläuft so:

(1) Wähle einen Anfangswert z.B. 3.   Allgemein: x_0.

(2) Rechne: $\frac{1}{2}(3 + \frac{5}{3})$. Ergebnis: 2,333 als (gerundete) 1. Näherung x_1.

(3) Rechne: $\frac{1}{2}(2{,}333 + \frac{5}{2{,}333})$. Ergebnis: 2,238 als 2. Näherung x_2.

(4) Rechne: $\frac{1}{2}(2{,}238 + \frac{5}{2{,}238})$. Ergebnis: 2,236 als 3. Näherung x_3 von $\sqrt{5}$ usw.

Dieses Verfahren setzt man solange fort, bis sich zwei aufeinanderfolgende Näherungswerte höchstens um eine vorgegebene (positive) Fehlerschranke (z.B. 0,01 oder allg. ϵ) unterscheiden. Z.B.: $x_2 - x_3 = 2{,}238 - 2{,}236 = 0{,}002 < 0{,}01$. Eine andere Möglichkeit ist es, den Abstand von x_i^2 und 5 als Maß für die Güte der Annäherung zu betrachten, d.h. die Fehlerabfrage lautet allgemein: $|x_i^2 - a| < \epsilon$.

Aufgaben

1. a) Berechne nach obigem Verfahren fünf Näherungen für $\sqrt{7}$. Nimm dabei als Anfangswert einmal $x_0 = 1$, dann $x_0 = 2$, dann $x_0 = 3$. Notiere alle Näherungswerte in einer Tabelle. Warum kannst Du nicht $x_0 = 0$ wählen?

   b) Erstelle einen RAP und einen Programmablaufplan (PAP).

Begründung dieses „*Verfahrens nach Heron*":
Problem: x_i sei eine Näherung für $\sqrt{a}$ $(a > 0)$; suche eine bessere nächste Näherung x_{i+1}.

Ansatz: $\sqrt{a} = x_i + d$, wobei d die unbekannte Differenz zwischen $\sqrt{a}$ und x_i ist.

Folgerung: $a = x_i^2 + 2x_i \cdot d + d^2$. Wenn wir hierbei d^2 „weglassen", machen wir einen Fehler. Dieser ist aber umso kleiner, je kleiner d^2 im Vergleich zu x_i^2 ist:

Aus $a = x_i^2 + 2\,x_i\,d$ folgt $d = \dfrac{a - x_i^2}{2\,x_i}$, wenn $x_i \neq 0$.

Mit diesem Wert für d verbessern wir den alten Näherungswert x_i:

$$x_{i+1} := x_i + d = x_i + \frac{a - x_i^2}{2\,x_i}\,.$$

Für die nächste Näherung gilt also: $x_{i+1} = \left[\,(x_i^2 + a) : 2\,\right] : x_i$

RAP (vgl. Aufgabe 1.b)):

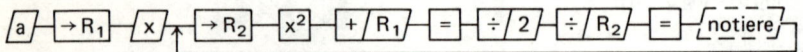

Arbeite mit zwei Speicherregistern:
a in Speicher R_1; die Näherungswerte von x, die jeweils notiert werden, in Speicher R_2.

PAP:

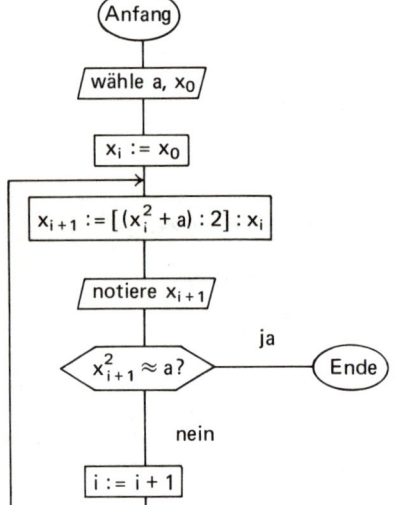

Anmerkung zum PAP:

$x_i := x_0$ bedeutet: die Variable x_i erhält den Wert von x_0;

$i := i + 1$ bedeutet: der Index i wird um 1 erhöht, der „neue" Wert (i + 1) wird wieder mit i bezeichnet.

Das Verfahren nach Heron stellt einen Sonderfall (n = 2) des allgemeinen *Newton-Iterations-Verfahrens* zur Annäherung von $\sqrt[n]{a}$ (a > 0) dar. Ohne Begründung (diese setzt u. a. Differentiations-regeln voraus) geben wir die „Rekursionsformel" an:

$$x_{i+1} = x_i - \frac{x_i^n - a}{n \cdot x_i^{n-1}} \quad \text{(für } x_i \neq 0 \text{ und } n \in \mathbb{N})$$

oder $\quad \boxed{x_{i+1} = \left[\,(n-1) \cdot x_i^n + a) : n\,\right] : x_i^{n-1}}$.

2. a) Berechne hiermit je vier Näherungswerte für $\sqrt[3]{5}$; $\sqrt[7]{5}$; $\sqrt[8]{5}$. Als Anfangswerte wähle 1; 2; 3 bzw. 4.

b) Berechne obige Wurzelwerte mit der Fehlergenauigkeit

α) $|x_i - x_{i+1}| < 0{,}01$, γ) $|x^n_{i+1} - a| < 0{,}01$,

β) $\left| \dfrac{x_i - x_{i+1}}{x_{i+1}} \right| < 0{,}01$, δ) $\left| \dfrac{x^n_{i+1} - a}{a} \right| < 0{,}01$.

3.2. Approximation von e

Näherungsverfahren zur Approximation (Annäherung) von e wurden mehrfach angesprochen: vgl. Abschnitt 1.8 Aufgaben 13.b) und 17.c) sowie die ausführliche elementare Hinführung in den Abschnitten 2.8 und 2.9. Zur „Grenzwert-Erfahrung" berechne folgende Aufgaben (deren theoretischer Hintergrund hier nicht behandelt werden soll).

Aufgaben

1. Notiere in einer Tabelle die Werte

a) $2; \; 2 \cdot 3; \; 2 \cdot 3 \cdot 4; \; 2 \cdot 3 \cdot 4 \cdot 5; \dots ; \; 2 \cdot 3 \cdot 4 \cdot \dots \cdot 11$,

b) $\dfrac{1}{2}; \; \dfrac{1}{2 \cdot 3}; \; \dfrac{1}{2 \cdot 3 \cdot 4}; \; \dfrac{1}{2 \cdot 3 \cdot 4 \cdot 5}; \dots ; \; \dfrac{1}{2 \cdot 3 \cdot 4 \cdot \dots \cdot 11}$,

c) $2 + \dfrac{1}{2}; \; 2 + \dfrac{1}{2} + \dfrac{1}{2 \cdot 3}; \; 2 + \dfrac{1}{2} + \dfrac{1}{2 \cdot 3} + \dfrac{1}{2 \cdot 3 \cdot 4}; \dots ; \; 2 + \dfrac{1}{2} + \dfrac{1}{2 \cdot 3} + \dots + \dfrac{1}{2 \cdot 3 \cdot \dots \cdot 11}$.

2. Tabelliere für $n \in \{2, 4, 6, 10, 15, 20, 30, 40, 50\}$ die Werte von

a) $\left(1 + \dfrac{1}{n}\right)^n$,   b) $\left(1 + \dfrac{1}{n}\right)^{n+1}$,   c) $\left(1 - \dfrac{1}{n}\right)^{-n}$.

3.3. Approximation der Kreiszahl π

Man vergleiche auch hierzu: Abschnitt 1.8 Aufgaben 12. und 13.c).
Die einzige für eine Kreisfläche A und einen Kreisumfang U charakteristische Größe ist der Radius r des entsprechenden Kreises.
Berücksichtigt man die Dimensionen (z.B. Maßeinheit 1cm) von r, U und A, so sind folgende funktionale Zusammenhänge zwingend:

$$\boxed{U \sim r \quad \text{und} \quad A \sim r^2}$$.

Das heißt, der Umfang ist dem Radius, die Fläche dem Quadrat des Radius proportional.

Die Proportionalitätskonstanten (2π) zwischen U und r bzw. (π) zwischen A und r sind empirisch zugänglich. Von den vielfältigen Methoden wählen wir hier einige aus, deren Durchführbarkeit gerade durch schnelle ETR ermöglicht wird.

3.3.1. Die Exhaustions-Methode nach Eudoxos und Archimedes

Diese Methode des „Ausschöpfens" geht auf Eudoxos (von Knidos, 408–355 v. Chr.) und Archimedes (von Syrakus, 287–212 v. Chr.) zurück. Einem Kreis mit dem Radius r = 1 (LE; Längeneinheit) werden regelmäßige n-Ecke ein- bzw. umbeschrieben. Die einbeschriebenen n-Ecke „schöpfen" mit größer werdender Eckenzahl n den Kreis „immer besser aus". Die (Maßzahlen der) Umfänge und Flächen der ein- und umbeschriebenen n-Ecke bilden mit wachsendem n eine Intervallschachtelung.

Für folgende Betrachtungen gelten die Bezeichnungen der Abbildung:
Ausgehend z. B. von einem *ein*beschriebenen 6-Eck (n = 6) mit der
Seitenlänge (Sehne) $s_6 = r = 1$ und dem Umfang $u_6 = 6 \cdot s_6 = 6$
schließen wir auf s_{12} und u_{12} des einbeschriebenen 12-Ecks, dann
auf s_{24} und u_{24} usw. Es gelten die Beziehungen:

$$h_n = \sqrt{1 - \left(\frac{s_n}{2}\right)^2} \qquad \text{(Satz d. Pythagoras)}$$

und

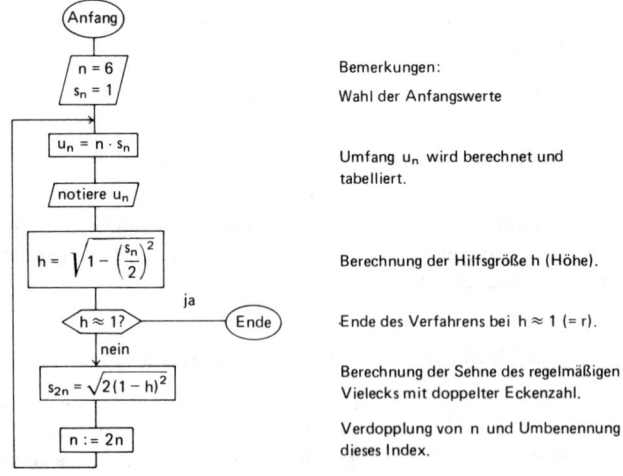

$$s_{2n}^2 = (1 - h_n)^2 + \left(\frac{s_n}{2}\right)^2 = (1 - h_n)^2 + (1 - h_n^2), \quad \text{d. h.} \quad s_{2n} = \sqrt{2 \cdot (1 - h_n)} \quad .$$

Danach ergibt sich folgender Rechenweg zur schrittweisen Annäherung an den Kreisumfang durch u_n:

$$s_6 = 1 \rightarrow u_6 = 6 \cdot s_6$$
$$\downarrow$$
$$h_6 = \sqrt{1 - \left(\frac{s_6}{2}\right)^2} \rightarrow s_{12} = \sqrt{2 \cdot (1 - h_6)} \rightarrow u_{12} = 12 \cdot s_{12}$$
$$\downarrow$$
$$h_{12} = \sqrt{1 - \left(\frac{s_{12}}{2}\right)^2} \rightarrow s_{24} = \sqrt{} \quad \text{usw.}$$

Das Verfahren ist abzubrechen, wenn $h_n \approx 1$, d. h. wenn die Seitenlänge $s_n \approx 0$ ist.
Dieses Verfahren können wir so darstellen:

PAP:

Anfang

n = 6
$s_n = 1$

$u_n = n \cdot s_n$

notiere u_n

$h = \sqrt{1 - \left(\frac{s_n}{2}\right)^2}$

$h \approx 1?$ — ja — Ende

nein

$s_{2n} = \sqrt{2(1 - h)^2}$

n := 2n

Bemerkungen:

Wahl der Anfangswerte

Umfang u_n wird berechnet und
tabelliert.

Berechnung der Hilfsgröße h (Höhe).

Ende des Verfahrens bei $h \approx 1$ (= r).

Berechnung der Sehne des regelmäßigen
Vielecks mit doppelter Eckenzahl.

Verdopplung von n und Umbenennung
dieses Index.

Aufgaben

1. a) Berechne und tabelliere die Werte von s_n, u_n und h für 6 „Durchläufe" dieses Verfahrens, d.h. für $n \in \{12, 24, 48, 96, 192, 384\}$. Erstelle einen RAP.

b) Wie kommt es, daß z.B. für $n = 384$ die Ergebnisse bei zwei verschiedenen ETR verschieden sein können, obwohl keine „Bedienungsfehler" gemacht wurden? Z.B. $u_{384} = 6,283\,968\,0$ und $u_{384} = 6,283\,113\,0$.

Die Seitenlänge S_n des umbeschriebenen n-Ecks ermittelt man (z.B. mit Hilfe des Strahlensatzes) aus

$$\frac{\frac{1}{2} S_n}{r} = \frac{\frac{1}{2} s_n}{h_n}, \quad \text{d.h.} \quad \boxed{S_n = \frac{s_n}{h_n}}.$$

Der Umfang des umbeschriebenen n-Ecks berechnet sich demnach so: $\boxed{U_n = n \cdot S_n}$.

Für die Flächen A_{ein}, A_{um} der ein- bzw. umbeschriebenen n-Ecke gelten die Beziehungen:

und

$$\boxed{\begin{aligned} A_{ein}(n) &= \frac{n}{2} \cdot s_m \cdot h_m \\[2mm] A_{um}(n) &= \frac{n}{2} \cdot S_n \end{aligned}}$$

2. a) Tabelliere die Werte von

$$\frac{u_n}{2}, \quad \frac{U_n}{2}, \quad A_{ein}(n), \quad A_{um}(n) \quad \text{für} \quad n \in \{6, 12, 24, \ldots, 384, 768\}.$$

Beobachte dabei die Werte für h und $1 - h$!

b) Was kannst Du über die Genauigkeit dieser π Approximationen aussagen? Gibt es bei den vom ETR gelieferten Werten offensichtliche, rechnerinterne Fehler?

Ⓛ   b) ein ETR zeigte z.B. $\frac{1}{2} U_{384} = 3,1415040$, $\frac{1}{2} U_{768} = 3,1431552$

        und $\frac{1}{2} u_{768} = 3,1431552$.

3. Berechne π-Approximationen ausgehend von einem ein- bzw. umbeschriebenen *Viereck*.

Ist bei den obigen Näherungen $h \approx 1$ so wird $1 - h \approx 0$. Der ETR „verliert" für solche h-Werte für die Steigerung der Genauigkeit wesentliche Ziffern, bis schließlich für $1 - h$ im Anzeigeregister 0 erscheint. Danach werden alle nachfolgenden Werte für s, S, u, U und A identisch Null.

Wir wollen das vermeiden und ersetzen in

$$s_{2n} = \sqrt{2(1 - h_n)} \quad h_n \quad \text{durch} \quad \sqrt{1 - \left(\frac{s_n}{2}\right)^2}.$$

Es folgt:

$$s_{2n} = \sqrt{2\left(1 - \sqrt{1 - \left(\frac{s_n}{2}\right)^2}\right)} = \sqrt{2 - \sqrt{4 - s_n^2}} = \frac{\sqrt{2 - \sqrt{4 - s_n^2}} \cdot \sqrt{2 + \sqrt{4 - s_n^2}}}{\sqrt{2 + \sqrt{4 - s_n^2}}}$$

und somit:

$$s_{2n} = \frac{s_n}{\sqrt{2 + \sqrt{4 - s_n^2}}} \qquad \frac{1}{2} u_{2n} = n \cdot s_{2n} \qquad .$$

4. Berechne nach dieser Formel die Werte für $\frac{1}{2} u_n$

    a) für $n \in \{4, 8, 16, \ldots, 256\}$,   b) für $n \in \{6, 12, 24, \ldots, 768\}$.

Ⓛ $\frac{1}{2} u_{768} = 3{,}141\,583\,892;$ $\frac{1}{2} u_{1536} = 3{,}141\,590\,463;$ $\frac{1}{2} u_{3072} = 3{,}141\,592\,106;$

     $\frac{1}{2} u_{6144} = 3{,}141\,592\,517;$ $\frac{1}{2} u_{12\,288} = 3{,}141\,592\,619$

     (vgl. $\pi \approx 3{,}141\,592\,653\,589\,793$.)

     1962 wurde π auf mehr als 100 000 Dezimalstellen genau (mit EDV-Anlagen) berechnet.

5. Wie hast Du mit Deinem ETR gerechnet? Erstelle einen RAP.

3.3.2. „Vieta-Produkte" zur π-Approximation

Eine weitere Methode zur π-Approximation durch ein unendliches Produkt geht auf Vieta (1540−1603) zurück [1].

Mit den in 3.3.1 gewählten Bezeichnungen folgt:

$$s_{2n} = \sqrt{2(1 - h_n)} \quad \text{und} \quad h_{2n} = \sqrt{\frac{1}{2}(1 + h_n)} .$$

Für den Quotienten der Flächeninhalte aufeinander folgender einbeschriebener n- bzw. 2n-Ecke folgt daraus (und mit $(\frac{s_m}{2})^2 = 1 - h_n^2$):

$$\frac{A_n}{A_{2n}} = \frac{\frac{1}{2} \cdot n \cdot s_n \cdot h_n}{\frac{1}{2} \cdot 2n \cdot s_{2n} \cdot h_{2n}} = h_n; \quad (\text{mit } A_n := A_{ein}(n)) .$$

Für sehr große n (∞) nähert sich A_n der Kreisfläche, d.h. $A_\infty = A_\circ$. Dann gilt:

$$\frac{A_n}{A_{2n}} \cdot \frac{A_{2n}}{A_{4n}} \cdot \frac{A_{4n}}{A_{8n}} \cdot \frac{A_{8n}}{A_{16n}} \cdot \ldots = \frac{A_n}{A_\circ} .$$

Die linke Seite dieser (Identität) Gleichung hat aber den gleichen Wert wie: $h_n \cdot h_{2n} \cdot h_{4n} \cdot h_{8n} \ldots$ Es gilt also:

$$\frac{A_n}{A_\circ} = h_n \cdot h_{2n} \cdot h_{4n} \cdot \ldots$$

Wählen wir nun z.B. n = 4, so bedeutet A_4 das Flächenmaß des einbeschriebenen Quadrats der Kantenlänge $\sqrt{2}$.

(Beachte: r = 1, die Maßeinheit interessiert hier nicht.)

Daraus folgt:

$$\frac{2}{\pi} = h_4 \cdot h_8 \cdot h_{16} \cdot h_{32} \cdot \ldots$$

---

[1]   Man vgl. hierzu M. Cantor: Vorlesungen über Geschichte der Mathematik, Bd. 2, Stuttgart 1965.

Die Faktoren dieses unendlichen Produkts berechnen wir so:

$$h_4 = \sqrt{1 - \left(\frac{\sqrt{2}}{2}\right)^2} = \sqrt{\frac{1}{2}}, \quad h_8 = h_{2 \cdot 4} = \sqrt{\frac{1}{2}(1 + h_4)} = \sqrt{\frac{1}{2} + \frac{1}{2}\sqrt{\frac{1}{2}}},$$

$$h_{16} = \sqrt{\frac{1}{2} + \frac{1}{2} \cdot h_8} = \sqrt{\frac{1}{2} + \frac{1}{2} \cdot \sqrt{\frac{1}{2} + \frac{1}{2}\sqrt{\frac{1}{2}}}} \quad \text{usw.} \quad \boxed{h_{2n} = \sqrt{\frac{1}{2} + \frac{1}{2}h_n}.}$$

Aufgaben

1. Tabelliere die Näherungswerte für π und die Werte für

   a) h_4; $h_4 \cdot h_8$; $h_4 \cdot h_8 \cdot h_{16}$ bis $h_{2^2} \cdot h_{2^3} \cdot h_{2^4} \cdot h_{2^5} \cdot \ldots \cdot h_{2^{17}}$,

   b) h_6; $h_6 \cdot h_{12}$; $h_6 \cdot h_{12} \cdot h_{24}$ bis $h_6 \cdot h_{2 \cdot 6} \cdot h_{2^2 \cdot 6} \cdot h_{2^3 \cdot 6} \cdot \ldots \cdot h_{2^{15} \cdot 6}$.

   c) Interpretiere den RAP. Hast Du auch so gerechnet?

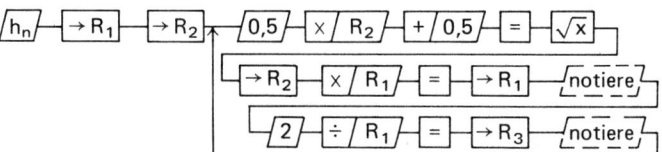

Was wird im Register R_1, was in R_2, was in R_3 abgespeichert?

2. Vergleiche diese Berechnungsmethode mit denen in 3.3.1. Welche ist rechenökonomischer? Welche liefert schneller bessere Werte für π? Welchen Vorteil hat der Anfangswert s_6 (bzw. h_6) gegenüber s_4 (bzw. h_4)? Vergleiche die Werte, die Dein ETR liefert mit denen anderer ETR!

3.3.3. π-Approximation durch numerische Integration

Eine weitere Methode zur π-Approximation besteht in der Summation von Rechteck- oder Trapezflächen. Diese ist mit Unterstützung durch ETR auch nicht nur von „theoretischem" Interesse. Wegen der „Weiterführbarkeit" dieses Verfahrens bei der numerischen Integration und bei der Einführung des (bestimmten) Integral-Begriffs verdient es besondere Beachtung.

Wir berechnen die Fläche $A_\cap$ eines Viertel-Kreises durch Summation von Rechteckstreifen. Mit den Bezeichnungen der nebenstehenden Abbildung sehen wir:

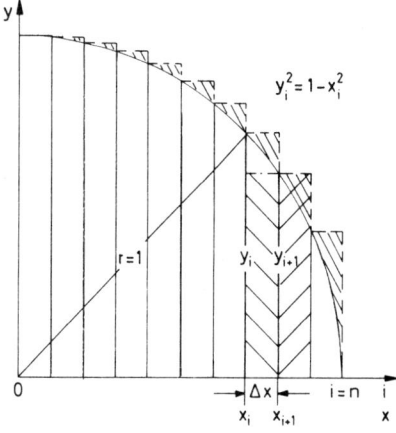

Bei $r = 1$ (Längeneinheit) wählen wir n als Anzahl gleich breiter Streifen, dann ist: $\Delta x = \frac{1}{n}$ die Streifenbreite, $x_i = i \cdot \Delta x = \frac{i}{n}$ der Abstand des i-ten Teilpunktes auf der x-Achse, $y_i = \sqrt{1 - x_i^2} = \frac{1}{n}\sqrt{n^2 - i^2}$ der zugehörige y-Wert.

Mit $O(n) = \sum_{i=0}^{n-1} \Delta x \cdot y_i = \sum_{i=0}^{n-1} \left(\frac{1}{n} \cdot \frac{1}{n}\sqrt{n^2 - i^2}\right)$

$= \frac{1}{n^2} \cdot \sum_{i=0}^{n-1} \sqrt{n^2 - i^2}$ gilt: $O(n) > A_\cap$ für alle n,

und $O(n)$ nähert $A_\cap$ umso besser an, je größer n ist.

Aufgaben

1. Berechne und tabelliere die Werte für $O(n)$ und $4 \cdot O(n)$ für $n \in \{10, 20, 30\}$.

Anmerkung: $\displaystyle\sum_{i=0}^{n-1} \sqrt{n^2 - i^2} = \sqrt{n^2} + \sqrt{n^2 - 1} + \sqrt{n^2 - 2^2} + \sqrt{n^2 - 3^2} + \dots + \sqrt{n^2 - (n-1)^2}$.

Erstelle einen RAP, indem die Teilsummen abgespeichert werden.

$O(n)$ stellt die „Ober"-Summe aller umbeschriebenen Rechteckflächen dar. Wählen wir statt des „zu großen" Streifens mit der Fläche $\Delta x\, y_0$ den etwas „zu kleinen" Streifen mit der Fläche $\Delta x \cdot y_1$ als *ersten* Streifen, als *zweite* Streifenfläche statt $\Delta x \cdot y_1$ die kleinere $\Delta x \cdot y_2$ usw., dann gilt:

$$\Delta x \cdot y_1 + \Delta x \cdot y_2 + \dots + \Delta x \cdot y_{n-1} = O(n) - \Delta x \cdot y_0 = O(n) - \Delta x.$$

Diese „Unter"-Summe stellt aber gerade die Fläche $U(n)$ aller *einbeschriebenen* Rechteckflächen dar. Es gilt also:

$$\boxed{\begin{aligned} &O(n) > A_{\bigcirc} > U(n) \quad \text{mit} \\[2mm] &O(n) = \frac{1}{n^2} \sum_{i=0}^{n-1} \sqrt{n^2 - i^2} \quad \text{und} \\[2mm] &U(n) = O(n) - \frac{1}{n}. \end{aligned}}$$

2. Vervollständige die Tabelle zu Aufgabe 1. durch die Werte von $U(n)$ und die *Fehlerschranke* $\frac{1}{n}$. Welche Näherungswerte für π erhältst Du?

3. Statt der Rechteck-Streifen wähle nun Trapezstreifen mit den Flächen $\Delta x \cdot \left(\frac{y_i + y_{i+1}}{2}\right)$.

   a) Bestätige folgende Formel: $A_{Tr}(n) = O(n) - \frac{1}{2n}$.
   (Beachte: $y_0 = 1$ und $y_n = 0$.)
   b) Ergänze nun die Tabelle auch um die Werte für $A_{Tr}(n)$ und die bessere Fehlerschranke $\frac{1}{2n}$.
   c) Begründe: $U(n) < A_{Tr}(n) < A_{\bigcirc} < O(n)$.

4. a) Begründe folgende Methode zur Approximation von $\frac{\pi}{2}$, d.h. des Viertel-Kreis*bogens:*

   Mit $\Delta s_i := \sqrt{(\Delta x)^2 + (y_i - y_{i-1})^2}$ als Länge der Kreissehne zwischen den Punkten (x_i, y_i) und (x_{i+1}, y_{i+1}) gilt:

$$S(n) := \sum_{i=0}^{n-1} \Delta s_i = \sum_{i=0}^{n-1} \sqrt{\frac{1}{n^2} + \left(\frac{1}{n}\sqrt{n^2 - i^2} - \frac{1}{n}\sqrt{n^2 - (i-1)^2}\right)^2}$$

$$= \frac{1}{n} \sum_{i=0}^{n-1} \sqrt{1 + \left(\sqrt{n^2 - i^2} - \sqrt{n^2 - (i-1)^2}\right)^2}.$$

b) Erstelle einen RAP zur Berechnung von $S(n)$. Welche Teilergebnisse sollte man abspeichern (z. B. $n^2 - (i-1)^2$ oder $\sqrt{n^2 - (i-1)^2}$ oder $\sqrt{n^2 - i^2}$)?

c) Berechne $S(n)$ für $n \in \{10, 20, 30\}$.

Läßt man den Kreis $(x^2 + y^2 = r^2)$ um die x-Achse rotieren, so überstreicht dieser die Oberfläche einer Kugel (mit dem Radius r). Das Volumen dieser Kugel kann man analog zu den o.g. Überlegungen annähern durch Summation der Volumen ein- oder umbeschriebener Zylinder oder Kegelabschnitte der Höhe Δx:

Für die *umbeschriebenen* Zylinder mit $\Delta x = \frac{r}{n}$ und dem Grundkreisradius

$y_i = \sqrt{r^2 - x_i^2} = \sqrt{r^2 - (i \cdot \frac{r}{n})^2} = \frac{r}{n} \sqrt{n^2 - i^2}$ folgt, nachdem nun π bekannt ist,

$$\frac{1}{2} V(n) = \sum_{i=0}^{n-1} \Delta x \cdot (\pi \cdot y_i^2) = \pi \frac{r^3}{n^3} \sum_{i=0}^{n-1} (n^2 - i^2) = \pi \cdot r^3 \cdot \frac{1}{n^3} \cdot \left(n \cdot n^2 - \sum_{i=0}^{n-1} i^2 \right)$$

$$= \pi r^3 \cdot \left(1 - \frac{1}{n^3} \sum_{i=0}^{n-1} i^2 \right),$$

also

$$\boxed{V(n) = 2\pi r^3 \left(1 - \frac{1}{n^3} \sum_{i=1}^{n-1} i^2 \right)} \quad .$$

5. a) Berechne für $n \in \{10, 20, 30\}$ die Werte von

$$\sum_{i=1}^{n-1} i^2 = 1 + 2^2 + 3^2 + \ldots + (n-1)^2 .$$

b) Überprüfe (begründe) nun folgende Formel:

$$\sum_{i=1}^{n-1} i^2 = \frac{1}{6} \cdot (n-1) \cdot n \cdot (2n-1) .$$

c) Überprüfe damit weiter die Umformungen:

$$1 - \frac{1}{n^3} \sum_{i=1}^{n-1} i^2 = 1 - \frac{1}{n^3} \cdot \frac{1}{6} (2n^3 - 3n^2 + n) = \frac{2}{3} + \frac{1}{2n} - \frac{1}{6n^2} .$$

d) Begründe und interpretiere jetzt:

$$\boxed{V(n) = \frac{4}{3} \pi r^3 + \pi r^3 \left(\frac{1}{n} - \frac{1}{3n^2} \right)} \quad .$$

Tabelliere hierzu die Abweichungen $V(n) - V_k$ des Volumens $V(n)$ für $n \in \{10, 100, 1000,$ $10\,000\}$ vom Kugelvolumen $V_k = \frac{4}{3} \pi r^3$ (wähle $r = 1$).

4 Anhang

Funktionen und ihre Graphen

1. Proportionale Zuordnung

Funktionsgleichung: $y = c \cdot x$

RAP $\boxed{x}$—$\boxed{x / c}$—$\boxed{=}$. Speichere c

Invariant: Quotient „entspr." Werte:

$$\frac{y_1}{x_1} = \frac{y_2}{x_2} = \ldots = c \; \textit{(Steigungsmaß)}.$$

Zuwachs: $\Delta y := y_2 - y_1$
$\Delta x := x_2 - x_1$

Zuwachsfunktion: $\Delta y = c \cdot \Delta x$

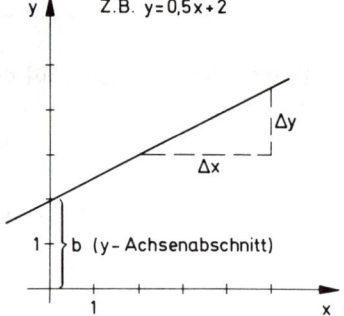

Z.B. $y = \frac{3}{2} x$

2. Lineare Zuordnung

Funktionsgleichung: $y = c \cdot x + b$

RAP $\boxed{x}$—$\boxed{x / c}$—$\boxed{+ / b}$—$\boxed{=}$ Speichere c und b.

Invariant: Differenzenquotient:

$$\frac{y_2 - y_1}{x_2 - x_1} = \frac{y_3 - y_2}{x_3 - x_2} = \ldots = c \; \text{(Steigungsmaß)}.$$

Zuwachsfunktion: $\Delta y = c \cdot \Delta x$

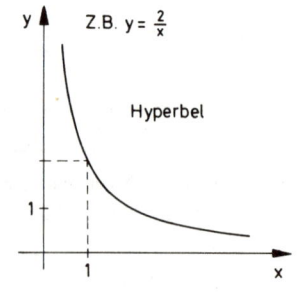

Z.B. $y = 0,5x + 2$

3. Umgekehrt (oder anti-)proportionale Zuordnung

Funktionsgleichung: $y = \frac{c}{x}$ $(x \neq 0)$

RAP $\boxed{c}$—$\boxed{\div / x}$—$\boxed{=}$ Speichere c.

Invariant: Produkt entspr. Werte:

$$y_1 \cdot x_1 = y_2 \cdot x_2 = \ldots = c.$$

Zuwachsfunktion:

$$\Delta y = - \frac{c}{x_1 \cdot x_2} \cdot \Delta x = - y_1 \cdot \frac{\Delta x}{x_2}$$

Z.B. $y = \frac{2}{x}$

Hyperbel

4. Potenzfunktionen

Funktionsgleichung: $y = x^n$ mit $n \in \{2, 3, \ldots\}$

RAP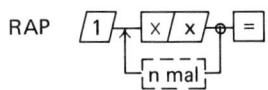

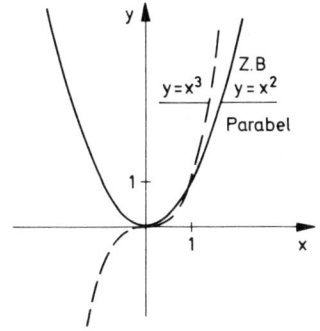

oder $\boxed{x}-\boxed{x^y}-\boxed{n}-\boxed{=}$

oder $\boxed{x}-\boxed{\ln x}-\boxed{\times / n}-\boxed{=}-\boxed{e^x}-\boxed{=}$

Speichere n; bei Benutzung der $\boxed{x^y}$ - (häufig $\boxed{y^x}$ -)
Taste muß i.d.R. $x > 0$ sein.

Zuwachsfunktion: $\Delta y \sim x^{n-1} \cdot \Delta x$

5. Wurzelfunktionen

Funktionsgleichung: $y = \sqrt[n]{x}$ $(= x^{\frac{1}{n}})$

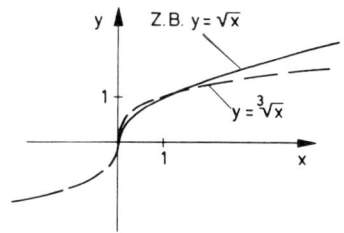

a) Wenn $n \in \{2, 4, 6, \ldots\}$, muß $x \geq 0$ sein;

b) wenn $n \in \{3, 5, 7, \ldots\}$, kann x auch negative
Werte annehmen.

RAP $\boxed{x}-\boxed{\sqrt[y]{x}}-\boxed{n}-\boxed{=}$

oder $\boxed{x}-\boxed{x^y}-\boxed{n}-\boxed{1/x}-\boxed{=}$

oder $\boxed{x}-\boxed{\ln x}-\boxed{\div / n}-\boxed{=}-\boxed{e^x}-\boxed{=}$

6. Winkel-Funktionen (Trigonometrische Funktionen)

Sinus: $y = \sin\alpha$ (vgl. mit $\alpha = \arcsin y$)   Tangens: $y = \tan\alpha = \dfrac{\sin\alpha}{\cos\alpha}$

Cosinus: $y = \cos\alpha$ (vgl. mit $\alpha = \arcsin y$)   Cotangens: $y = \cot\alpha = \dfrac{\cos\alpha}{\sin\alpha} = \dfrac{1}{\tan\alpha}$

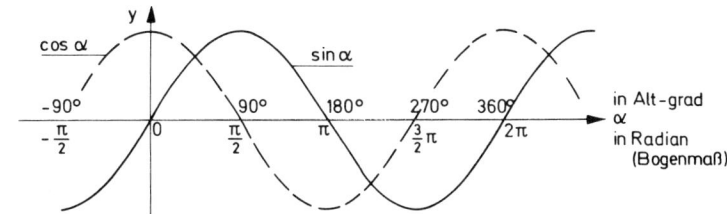

7. Wachstums- und Zerfalls-Funktionen (Exponentialfunktionen)

Funktionsgleichung: $y = q^x$; $q > 0$ und $q \neq 1$

q heißt „Wachstumsfaktor" (Zerfallsfaktor)

$p = (q - 1) \cdot 100$ heißt „prozentualer Zuwachs"

$e \approx 2{,}718\,281\,828 \approx 2{,}72$ heißt „Basis des natürlichen Logarithmus" oder „natürlicher Wachstumsfaktor".

Zuwachsfunktion: $\Delta y = (q^{\Delta x} - 1) \cdot q^x \cdot \Delta x$

oder $\Delta y \sim y \cdot \Delta x$.

Zusammenhang zwischen (Verdopplungs- bzw.) Halbwerts-Konstante x_H und prozentualem Zuwachs p (für $|p| < 15$):

$p \cdot x_H \approx 70$

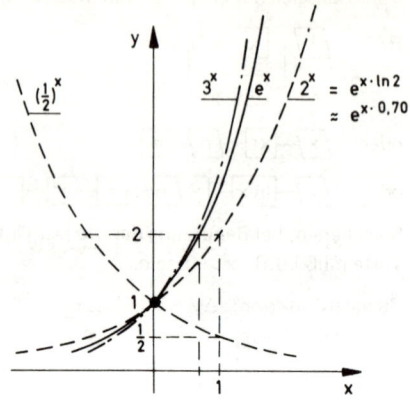

8. Logarithmusfunktion

$y = q^x$ ist gleichbedeutend mit $x = {}^q\log y$.

Funktionsgleichungen:

$y = {}^q\log x$: Logarithmus von x zur Basis q als Umkehrfunktion von $y = q^x$;

natürlicher Logarithmus: $y = \ln x$ als Umkehrfunktion zu $y = e^x$;

dekadischer Logarithmus: $y = \lg x$ (häufig auch $\log x$) als Umkehrfunktion zu $y = 10^x$.

Merke: $q^x = (e^{\ln q})^x = e^{x \cdot \ln q}$ und $\ln x = \dfrac{1}{\lg e} \cdot \lg x \approx 2{,}3 \cdot \lg x$.

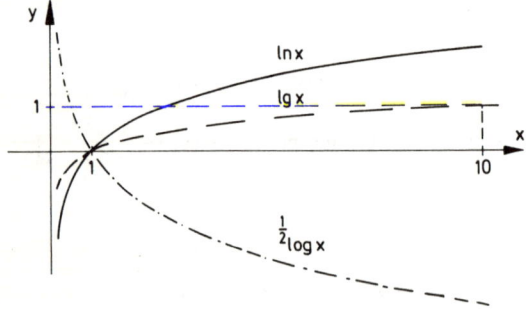

5 Literaturverzeichnis

1. Zeitschriften-Veröffentlichungen

a) über (nicht programmierbare) ETR in der Schule

[1] *Albrecht, U./Schwirtz, W:* Elektronikrechner im Mathematikunterricht der Sekundarstufe I – ein Beitrag zur didaktischen Grundlegung. Neue Wege im Unterricht, Heft 3/1974, Verlag Ferdinand Kamp Bochum.

[2] *Bacher, M.:* Elektronenrechner im Unterricht – Erfahrungen und Anregungen aus der Praxis (6. Schuljahr), Bayerische Schule, Heft Mai 1973.

[3] *Bacher, M.:* Noch einmal: Elektronenrechner im Unterricht, Bayerische Schule, Heft November 1973.

[4] *Bühler, O.:* Elektronische Taschenrechner im Unterricht – Untersuchung am Staatl. Studienseminar für Maschinenbau in Rosenheim, Die berufsbildende Schule, Heft Mai 1975.

[5] *Ganz, R.:* Eine Anwendung der Wurzelautomatik des Taschenrechners, Praxis der Mathematik, 3/1977.

[6] *Gardner, M.:* Mathematical Games – Fun and serious business with the small electronic calculator, Scientific America 235, July 1976.

[7] *Gößler, R.:* Taschenrechner-Beurteilungskriterien – Modellübersicht, Elektronik, Heft 2/1975.

[8] *Haeberlein, F.:* Wieder einmal: Stammfunktion von $f(x) = x^{-1}$, Praxis der Mathematik, 1/1977.

[9] *Kilian, H.:* Elektronische Taschenrechner im Unterricht, Beiträge zum Mathematikunterricht 1975, Schroedel-Verlag Hannover 1975.

[10] *Kirsch, A.:* Vorschläge zur Behandlung von Wachstumsprozessen und Exponentialfunktionen im Mathematikunterricht, Didaktik der Mathematik, 4/1976.

[11] *Lenk, E.:* Der Taschenrechner als modernes Hilfsmittel im Mathematikunterricht, Didaktik der Mathematik 4, Heft 1/1976.

[12] *Lindner, H.:* Elektronische Taschenrechner in der Schule, Neue Unterrichtspraxis, Heft 3/1976.

[13] *Malmendier/Reimertz:* Der Einsatz des elektronischen Taschenrechners in einer Unterrichtsreihe zur Flächen- und Körperberechnung, Neue Unterrichtspraxis 8/1976.

[14] *Meißner, H.:* Der Taschenrechner als methodisches Hilfsmittel, Beiträge zum Mathematikunterricht 1977, Schroedel Verlag Hannover 1977.

[15] *Meißner, H.:* Taschenrechnerreport, Zentralblatt für Didaktik der Mathematik, Klett-Verlag Stuttgart 2/1977.

[16] *Müller, K.P.:* Aspekte des Taschenrechnereinsatzes im Mathematikunterricht und Konsequenzen für die Aus- und Fortbildung von Lehrern, Beiträge zum Mathematikunterricht 1977, Schroedel Verlag Hannover 1977.

[17] *Rixecker, H.:* Der Einsatz von Taschenrechnern in Klasse 7, Faber-Castell-Rechenstabbrief, Heft 17/1976.

[18] *Schönwald, H.G.:* 10^4-adisches Rechnen mit Hilfe von Taschenrechnern, Praxis der Mathematik, 1/1977.

[19] *Schwirtz, W.:* Zur pädagogischen und curricularen Dimension des Taschenrechners im Mathematikunterricht, Neue Unterrichtspraxis 1/1977.

[20] Stiftung Warentest: Adam Riese in die Tasche gesteckt, Zeitschrift „test", Heft 10/1975.

[21] *Wolgast, H.:* Taschenrechner im Unterricht, Teil 1, MNU, Heft 4, Juni 1977.

[22] *Wynands, A.:* Elektronische Taschenrechner (ETR) im Unterricht der Sekundarstufe I – Ergebnisse und Folgerungen aus einer Befragung – Beiträge zum Mathematikunterricht 1977, Schroedel Verlag Hannover 1977.

[23] *Wynands, A.:* Ergebnisse einer Schüler- und Lehrerbefragung über „Elektronische Taschenrechner (ETR) in der Schule", Zentralblatt für Didaktik der Mathematik 1977 (im Druck vor. 4/77).

[24] *Wynands, A.:* ETR in der Hauptschule – Ziele und Erfahrungen – Beitrag eines Hefts (vorauss. 4/1978) „Elektronische Taschenrechner" in „Der Mathematikunterricht", Klett-Verlag Stuttgart 1978.

b) Schwerpunkt programmierbare Tisch- oder Taschenrechner (PTR)

[25] *Engel, A.:* Computerorientierte Mathematik, Heft 2/1975, „Der Mathematikunterricht", Klett-Verlag
      Stuttgart.

[26] *Engel, A.:* The Role of Algorithms and Computers in Teaching Mathematics at School. Manuskript,
      erscheint als Kapitel 13 in Volume IV der Unesco series „New Trends in Mathematics Teaching", 1977.

[27] *Gößler, R.:* Der programmierbare Taschenrechner in der Praxis, Elektronik, Heft 1/1975.

[28] *Johnsonbaugh, R.:* Applications of calculators and Computers to limits, The Mathematics Teacher,
      Januar 1976.

[29] *Thiesemann, F.:* Elektronische Tischrechner im Mathematikunterricht, Neue Unterrichtspraxis
      Heft 3/1973.

2. Arbeitsmaterialien von Firmen und Instituten

a) ARISTO-Mitteilungen für die Schulpraxis
   Anschrift: ARISTO-Werke, Postfach 500 380, 2000 Hamburg 50

[30] *Wigand, K.:* Rechnen mit dem Mini-Rechner ARISTO M 27, Heft 36, März 1973; Heft 37, Sept. 1973
      und Heft 38, März 1974.

[31] *Jäger, R.:* Rechenstab und Electronic-Rechner, Heft 39, Sept. 1974.

[32] *Jäger, R.:* Die Stromversorgung der Electronic-Rechner, Heft 40, Febr. 1975.

[33] *Riedel, E.:* Bestimmung der Lösungsmenge einer quadratischen Gleichung mit den Electronic-Rechnern
      M 27, M 64 und M 65, Heft 40, Febr. 1975.

[34] *Mahl, G.:* Einführung von Logarithmen im Mathematikunterricht und ihre Berechnung mit steigenden
      Potenzen mit Hilfe der ARISTO-Electronic-Rechner, Heft 41, Aug. 1975.

[35] *Jürgensen, G.:* a) Lösung quadratischer und kubischer Gleichungen mit dem Electronic-Rechner
      ARISTO M 85; b) Umrechnung komplexer Zahlen, Heft 43, April 1977.

[36] *Kreft, D.:* Eine Intervallschachtelung zur Bestimmung der Zahl π, Heft 43, April 1977.

b) Texas Instruments Deutschland GmbH
   Anschrift: Haggertystraße 1, 8050 Freising

[37] Texas Instruments (Hrsg.): Learning basic concepts with limited-function ABLE-calculators (K–1),
      Dallas, Texas 1976 (Anschrift: P.O. Box 5012, MS-54, Dallas Texas 75222, USA).

[38] Texas Instruments (Hrsg.): Elementary Mathematics (4–6), Dallas Texas 1976.

[39] Texas Instruments (Hrsg.): Fundamental Mathematics (secondary level), Dallas Texas 1976.

[40] Texas Instruments (Hrsg.): Introductory Algebra (secondary level), Dallas Texas 1976.

[41] Texas Instruments (Hrsg.): Fun with Math Facts (18 learning games and activities using the Little
      Professor), Dallas Texas 1976.

c) Forschungs- und Entwicklungszentrum für objektivierte Lehr- und Lernverfahren (FEoLL)
   Anschrift: Pohlweg 55 (AVZ), Postfach 1567, 4790 Paderborn.

   Gefördert durch Mittel des Kultusministers des Landes Nordrhein-Westfalen wurden zum Projekt
   „Taschenrechner im Unterricht" Projektunterlagen und Arbeitspapiere erstellt, u.a.:

[42] Taschenrechner im Unterricht, FEoLL Projektunterlage 1975.

[43] Fragebogen zum Schulversuch Taschenrechner im Unterricht, 1976.

[44] Auswertung einer Befragung über den Einsatz von Taschenrechnern in Hauptschulen, 1976.

[45] Taschenrechner im Schulunterricht – Lehrer beantworten Fragen zum Schulversuch, November 1976.

[46] Taschenrechner im Unterricht – Beiträge zum 2. Arbeitsgespräch, Februar 1977.

[47] Bericht über Taschenrechner im Unterricht, Mai 1977.

Anmerkung: Das Projekt betreute einen Schulversuch mit 11 ausgewählten und 7 weiteren „freiwilligen"
Schulen (9 Gymnasien, 4 Hauptschulen, 2 Realschulen, 3 Gewerbliche Schulen, 1 Gesamtschule).

3. Buchveröffentlichungen

[48] *Athen/Bruhn:* Blitzrechnen mit dem Elektronik-Taschenrechner, Gütersloh, (München, Wien) 1975 (Bertelsmann Ratgeberverlag).

[49] *Schlossberg/Brockmann:* Spiel und Spaß mit dem Taschenrechner, München 1976 (Mosaik-Verlag).

[50] *Schumny, H.:* Taschenrechner Handbuch, Wiesbaden 1976 (Vieweg).

[51] *Osterloh:* Die Wahl des richtigen Taschenrechners, Wiesbaden, Berlin 1977 (Bauverlag).

124

6 Namen- und Sachverzeichnis

Harald Schumny
Taschenrechner Handbuch

2., durchgesehene Auflage 1977. 132 Seiten mit 16 Abbildungen. Kartoniert 16,80 DM

Diese Anleitung zum Gebrauch moderner Taschenrechner erschöpft sich erstmals nicht in trivialen Rechenproblemen des täglichen Lebens. In der Laborpraxis erprobte naturwissenschaftlich-technische Anwendungen stehen hier im Vordergrund und führen den Leser zum sinnvollen Einsatz des Taschenrechners hin. Schüler der Sekundarstufe II, Studenten an Fachschulen, Fachhochschulen und Universitäten, aber auch Lehrer, Dozenten und im Beruf stehende Praktiker werden in diesem kurzgefaßten Handbuch viele wertvolle Anregungen finden. Der Inhalt besteht aus drei Teilen: Rechenlogik und Ausstattungsvarianten — Grundtypen und deren Funktionsweisen mit Anwendungsbeispielen — Zusammenfassungen, tabellarische Übersicht und Näherungsformeln. Die Anleitungen sind allgemeingültig, weil nicht herstellerbezogen.

Gloistehn, H. Heinrich
Programmieren von Taschenrechnern 1

Lehr- und Übungsbuch für den SR-56. Mit zahlr. Abb. 1977. IV, 140 S. 12 × 19,5 cm. kart. 19,80 DM

Dieses Lehr- und Übungsbuch führt den Leser in das Programmieren von Taschenrechnern ein, ohne daß Kenntnisse auf diesem Gebiet vorausgesetzt werden. Der Leser lernt die Programmiertechnik und die Fähigkeit, mathematische und technische Probleme zu formulieren und in die Sprache des Rechners umzusetzen.

Im 1. Teil des Buches werden die folgenden Gebiete behandelt. Manuelles Rechnen / Programmaufbau und Programmherstellung / Verzweigungen / Unterprogramme.

Im 2. Teil wird anhand vieler Beispiele aus der Mathematik und Technik gezeigt, wie die Programmiertechnik angewendet wird. Zahlreiche Übungsaufgaben geben dem Leser die Gelegenheit, sein gelerntes Wissen zu überprüfen oder zu festigen. Das Buch wendet sich vorwiegend an Studenten an Fachhochschulen und Universitäten und an Lehrer und Schüler der Sekundarstufe II.

» vieweg